北京大学新中国留华校友口述实录　丛书
夏红卫　孔寒冰　主编

回首四十年
一个女汉学家的逐梦之旅

德国校友罗梅君教授口述

臧 健 访谈 整理

北京大学出版社
PEKING UNIVERSIYT PRESS

图书在版编目(CIP)数据

回首四十年　一个女汉学家的逐梦之旅：德国校友罗梅君教授口述 / 臧健访谈整理 . — 北京：北京大学出版社，2018.5
（北京大学新中国留华校友口述实录丛书）
ISBN 978-7-301-29260-0

Ⅰ.①回… Ⅱ.①臧… Ⅲ.①罗梅君–访问记 Ⅳ.① K835.165.41

中国版本图书馆 CIP 数据核字（2018）第 037453 号

书　　　名	回首四十年　一个女汉学家的逐梦之旅：德国校友罗梅君教授口述 HUISHOU SISHI NIAN　YI GE NÜ HANXUEJIA DE ZHUMENG ZHI LÜ: DEGUO XIAOYOU LUO MEIJUN JIAOSHOU KOUSHU
著作责任者	臧　健　访谈　整理
责任编辑	程　彤　李冶威
标准书号	ISBN 978-7-301-29260-0
出版发行	北京大学出版社
地　　址	北京市海淀区成府路 205 号　100871
网　　址	http://www.pup.cn
新浪微博	@北京大学出版社　@培文图书
电子信箱	pw@pup.pku.edu.cn
电　　话	邮购部 62752015　发行部 62750672　编辑部 62750883
印　刷　者	北京市松源印刷有限公司
经　销　者	新华书店 889 毫米 ×1194 毫米　32 开本　10.625 印张　230 千字 2018 年 5 月第 1 版　　2018 年 5 月第 1 次印刷
定　　价	54.00 元（精装）

未经许可，不得以任何方式复制或抄袭本书之部分或全部内容。
版权所有，侵权必究
举报电话：010-62752024　电子信箱：fd@pup.pku.edu.cn
图书如有印装质量问题，请与出版部联系，电话：010-62756370

"北京大学新中国留华校友口述实录丛书"
编委会

顾　　　问：郝　平　林建华　田　刚
　　　　　　　王　博　朱善璐　李岩松
编委会主任：夏红卫　孔寒冰
编　　　委（按姓氏笔画排序）：
　　　　　　　丁　超　马　博　王明舟
　　　　　　　王　勇　宁　琦　任羽中
　　　　　　　孙祁祥　孙秋丹　李宇宁
　　　　　　　张　帆　陆绍阳　陈峦明
　　　　　　　陈晓明　陈跃红　周　静
　　　　　　　孟繁之　项佐涛　赵　杨
　　　　　　　贾庆国　高秀芹　康　涛
　　　　　　　蒋朗朗　韩　笑
主　　　编：夏红卫　孔寒冰

"北京大学新中国留华校友口述实录丛书"
总序

在几千年的文明发展进程中,中华民族形成了开放包容、和谐共生的文化传统。作为中国近代第一所国立大学,近一百二十年来,北京大学厚植中华文明沃土,饱览时代风云变幻,积极致力于"东学西渐"和"西学东渐",以开阔的视野和胸襟,为生于斯、长于斯的中华民族,也为人类命运共同体培养了一大批优秀人才,在中外关系特别是人文交流方面做出了巨大贡献。

1952年9月,"东欧交换生中国语文专修班"的14名外国留学生调整到北京大学,标志着中华人民共和国成立后外国留学生留学北大的开始，六十多年来，北京大学已经培养了9万多名各种层次的国际学生，他们遍布世界各地的近190个国家和地区。北京大学的国际校友人数众多，覆盖国家和地区广泛，社会贡献突出而令人瞩目。他们来华留学的时段跨越了不同历史时期，亲眼见证了中国发生的翻天覆地的变化。更具体地说，他们构成了中国来华留学教育史的一部缩影，既是中国历史的见证者，又都在不同程度上是中外文化交流的探索者与践行者。许多学成归国的留学生已成为所在国同中国交流的重要桥梁。还有许多国际校友在本国政治领域、经济领域和外交领域里努力工作，对于祖国的发展和与中国的友好关系做出了杰出贡献。

　　面向国际社会讲好中国故事，是加强中外人文交流的有效途径。北京大学国际校友的人生经历和他们讲述的中国故事，为理解中国的政治、外交、文化、教育的历史提供了独特的海外视角。不仅如此，他们对中国有深刻的理解和特殊的感情，在本国甚至在国际社会有较高的声望，是让国际社会全面了解中国的重要渠道。"北京大学新中国留华校友口述实录丛书"收集和整理的就是北京大学国际校友的成长记忆，重点讲述他们与中国特别是与北京大学的故事。通过对国际校友进行口述文献的采集、整理与研究,可以使国内更多的读者听到"中国好声音"和"中国故事"。此外,本套丛书还有助于系统梳理来华留学教育工作在不同历史阶段的发展历程和人才培养成果,为留学生教育总结经验,拓展学术研究领域,丰富国际关系史和国别史研究内容,进而推进北京大学对外开放和"双一流"建设。

2015年,本套丛书的编辑出版工作正式启动,由相关学科的专家学者对一些国际校友进行访谈,在此基础之上整理、出版了这套丛书,通过这种形式配合国家做好大国形象的构建,推动开展中外人文交流。在策划、出版这套丛书的过程中,作者努力以严谨的科学态度保证它们具备应有的学术价值和历史文献价值。考虑到口述者的特殊经历、个人情感以及因时间久远而造成的记忆模糊等因素,作者通过访谈第三方、查找资料等方式对口述内容进行考订、补充,成稿后又请口述者进行了校正。尽管如此,由于各方面水平所限,丛书中肯定还有不准确甚至错误之处,敬请读者批评指正。

启动两年以来,本套丛书受到了各界的关心、支持，也得到了许多领导和专家的指导、帮助。在这期间，丛书编委会的一些成员职务发生了变化，不断地有更多领导和专家加入进来，相关的访谈成果会越来越多、质量越来越高。

谨以此书献给数以几万计的北京大学的国际校友，献给所有关心、支持、参与来华留学事业的人，献给北京大学120岁生日。

编委会主任　夏红卫　孔寒冰
2017年11月

Contents | **目录**

7 | 前　言

9 | Foreword

001 | 第一章　一个遥远的中国梦

030 | 第二章　初到中国

067 | 第三章　走进北大

101 | 第四章　与著名史学家见面与对话

139 | 第五章　见证改革开放

173 | 第六章　成为教授——新的教学科研之路

216 | 第七章　21 世纪初期——多元性的活动

263 | 第八章　学术生涯的延伸与扩展

294 | 第九章　一生的追求与收获

319 | 编后记

前　言

非常荣幸北大邀请我参加"北京大学新中国留华校友口述实录丛书"项目，这个项目是为庆祝北京大学120周年校庆而设立的。尤为幸运的是，臧健参与了访谈和文字整理，并最终协助我完成口述史文稿。我还要感谢过去几个月来，所有为了本书而忙碌和分享了宝贵回忆资料的同事和朋友们。

在本书编纂过程中，我时时想起并感激所有在北大、在中国和在全世界范围内汉学研究领域的老师、朋友和同事们。从我学生时代起至今，是他们使我有机会深入了解中国，并在我最热爱的领域——汉学领域，与我共同度过了无数教学和科研的美好时光。在参加各种会议、开展合作项目、准备刊物出版和筹备各种展览当中，辩论、讨论有关中国历史和当代发展问题的学术活动，对我来说是一种莫大的享受。我有幸能参与并全身心致力于推动德中友好的工作，尤其是推动学术领域的交流与合作关系。我认为在各个领域发展良好的合作关系，对于国际学术的促进和加强全球学者与学术团体的协同发展，都是非常重要的。

在此，我特别感谢我的同事和朋友臧健，她为这本口述史付出了辛勤的努力。同时，我和她一起分享了很多共同的理念，并一起在妇女学研究和为争取学术领域的妇女平等待遇方面做出努力。

未来在召唤，让我们继续努力！

罗梅君

2017年4月于柏林

Foreword

I feel lucky and honoured that Peking University asked me to take part in this project, and I could not be luckier as Zang Jian draw up the project in writing. And I am grateful to all those who had been working for many months on this oral history project (kou shu shi) by willing to share their memories with me.

I understand this book as an expression of my thanks to all my teachers, friends, and colleagues at Peking University, and in China in general, but also to all who are worldwide in China studies involved. With so many of them – since I became a student of Chinese studies until now – I enjoyed the chance to deepen my knowledge on China, and together we spent fulfilled hours of teaching and research on my favourite subject: China.

I have always enjoyed the scholarly exchange on Chinese history and the contemporary developments of China: in international meetings, at conferences, workshops and in joint projects, but also when I prepared my publications and various exhibitions.

I have been involved for my whole academic career until now in working for and promoting Chinese-German cooperation in various academic fields. Building up excellent cooperative relations in all fields has contributed to the emergence of an internationally oriented China scholarship and strengthened a global community of China scholars.

I would especially like to thank my colleague and good friend Zang Jian, who has put so great efforts in writing this oral history. With her, I share so many common goals, such as a joint effort to promote women studies, and to achieve equal treatment of women in academics.

Let's go on and continue!

Mechthild Leutner
Berlin April 2017

第一章
一个遥远的中国梦

我于 1974 年 1 月 11 日坐飞机到达北京。在这之前我一直有一个梦想,直到那天到达北京,我忽然感觉自己的梦想实现了。

为什么我一直有这个梦想,要到中国去?其实这个梦想很早就萌发了。我的家乡在德国的威斯特法伦(Westfalen),我是在威斯特法伦的一个小村庄出生和长大的。那里有中等高度的山脉。我的祖先曾经都是农民,后来外祖父开了一个木头加工业的小工厂。当我 10 岁的时候,我向父母提出要上中学,到一个小城市去上初中,早上坐火车去,下午回来。这个想法可能源于我的一位阿姨,那时她已经大学毕业,她对我的影响很大。

记得我很小的时候,就看了一些关于亚洲、非洲的书。其中特别喜欢看一些人描写他们到外国旅行回来以后写的旅游回忆录,从书中知道世界上除了欧洲以外,还有非洲、亚洲、美洲等其他的地方。德国有一位非常有名的探险作家、小说家卡尔·迈(Karl May),他一生写了一百多本书,除了幽默小说和有关他家乡的乡村故事之外,还开始撰写异域探险故事。

罗梅君出生和成长的小村庄

第一章 一个遥远的中国梦

罗梅君的外祖父

在写这些故事的时候,他似乎并没有到过书中提到的这些国家,但他所描绘的自然风光和生活场景,却使读者感到他对这些国家非常了解。最重要的是其中有几本探险小说,讲欧洲人到很远的国家,遇到了很多危险,其中也有一本小说 *Der blaurote Methusalem* 提到了中国,这本书第一次出版是在1888年或1889年。很多人都看过这本书,对孩子和年轻人来说,故事很有趣、很刺激。我从那时候起,就开始有兴趣了解其他国家的人民是怎么生活的。我也非常喜欢这一类的

童年时的罗梅君和她的妹妹们

书,很早就希望,将来一定要到外国去看一看,看看全世界是什么样的。

在我 15 岁的时候,我的阿姨送给我一本书,是关于汤若望(Johann Adam Schall von Bell)17 世纪在中国的故事。汤若望出生在德国科隆,是 17 世纪在北京的耶稣会传教士。1623 年 1 月 25 日,汤若望第一次来到北京。到北京后,中国耶稣会给他的任务是研究中国的语言文字与儒家学说,同时他也仿效意大利的利玛窦(Matteo Ricci),将他从欧洲带来的数理天算书籍列好目录,呈送中国的朝廷。又将带来的科学仪器在住所内一一陈列,请中国官员们前来参观。汤若望以他的数理天文学知识得到了当时中国官员们的赏识并受到欢迎。清朝初年,他还被封为中国政府的高官。汤若望在中国生活了47年,经历了明、清两个朝代。逝世后,被安葬于北京利马窦墓的旁边。这本关于汤若望的故事书,特别描述了他在北京的生活,我当时非常喜欢。但是那个时候,我的兴趣还没有集中到中国。后来我才知道这些耶稣会传教士的信和他们在欧洲出版的书,对18世纪的法国革命有非常大的影响。

上高中以后,我对亚细亚的历史和现状产生了兴趣,特别关注美国在越南发动的侵略战争,所以我也看了一些关于那段历史的原因分析。1961年5月,美国破坏了《日内瓦协议》,发动了反对越南的"特种战争",这是美国适应新殖民主义政策的新侵略战争的一种形式,因此也引起了全世界的关注。

在我高中毕业之前,中国的"文化大革命"就开始了。那时我们读过的一些报纸里都提到中国,提到"文化大革命"。那个时候,我也在电视里听到一位比较有名的德国哲学家卡尔·雅斯贝斯(Karl Jaspers)写了一本书《历史的起源与目标》(*Vom Ursprung und*

Ziel der Geschichte，1949），书中提出了哲学发展理论"轴心期"及"世界历史的结构"，谈到关于中国、印度、希腊以前的历史和古代文明。他特别谈到公元前5世纪的希腊、印度和中国文化，认为是一个改变全世界的时代，是人类历史发生转变的重要时期。因为那个时候在印度有佛陀，在中国有孔子，在希腊有苏格拉底，都有新的哲学家诞生。在他看来，这些新的哲学家对世界的发展和变化起了非常重要的作用。这是我第一次对中国的历史产生兴趣。还要提到的是，我高中毕业时，我们班一共有12个学生，6个男生，6个女生。学校评选出两个学生并颁发鼓励奖，我很荣幸获得了其中一个奖，奖品就是雅斯贝斯关于中国、印度、希腊古代哲学思想方面的书。

在这里我还要补充一下，20世纪60年代，一个农村长大的女孩，无论是上高中还是上大学，并不算太普遍。但是那个时候政府支持女孩上学，父母也非常支持我，这对于我来说是个好机会。在农村还存在男女不平等的思想，对待男孩和女孩的期望也不一样。所以上了高中的女孩，包括上了大学的女孩，一般父母会要求她当老师，他们觉得对一个女孩来说，当小学老师和中学老师是比较合适的，因为父母非常强调女孩要找一个丈夫,而当老师不会太影响婚姻。但是我不愿意按照这样的传统思想去做,而且我的父母也不太强求,不怎么强迫我学什么,所以这对我来说是一个很大的自由,我可以自己做出选择。

还有一点应该强调。我在高中的时候,第一,我非常喜欢历史的课;第二,我已经开始对一些哲学问题产生兴趣。其中一位是比较有名的法国哲学家和作家萨特(Jean-Paul Sartre),他是法国20世纪最重要的作家和哲学家之一,法国存在主义的主要代表人物,也是西方反殖民主义,对社会主义最积极的鼓吹者之一,并反对美国在越南的战争。他的思想非常开放,不怎

1955年10月1日萨特和波伏娃访问中国(照片来源新华社,记者刘东鳌摄)

么强调宗教,也不强调神。在那个时候,一般的人还是很重视信仰的,但是他比较强调个人的自由,认为一个人应该依靠自己。女权主义也是他,特别是他的同伴波伏娃(Simone de Beauvoir)所赞成的思想。波伏娃认为女人应该是独立的,是和男人平等的、有自由的,这些在她著名的《第二性》中提到过。她是存在主义作家和女权运动的创始人之一,20世纪法国最有影响力的女人。他们两位的思想对我的影响非常大,可以说从我上高中以来,就一直比较强烈地影响着我,无论是以后参加学生运动,还是在学习和研究当中,这种影响都一直存在。1955年9月,萨特和波伏娃一起应邀到中国访问。对他们来说中国是一个完全陌生的国家,而在中国,除了几个法国文学专家以外,人们对萨特也几乎一无所知。1957年波伏娃出版关于中国的著作《长征》(*La Longue Marche*),1960年有了德文译本,我后来看了这本书,对我

罗梅君阅读过的德文版波伏娃名著《第二性》

来说影响也很大。因为她强调中国从传统到现代的变化过程,把中国的现代与传统做了比较,而不是把西方国家作为比较的出发点。

高中即将毕业的时候,我需要决定以后上大学学习什么。那个时候的想法是,第一,我决定学习历史专业;第二,我还不太清楚,但曾考虑选择民族学,因为如果学习民族学,也是可以到世界去看一看的。但是最后,我想还是中国比较有意思。所以,我决定选择两个专业:第一个是历史,第二个是汉学。

1967年,我进入波鸿大学(Ruhr-Universität Bochum),在那里学习德国历史,上一些方法论和世界史的课,也上一些政治学和国际关系方面的课。但更重要的是,我进入了汉学系,开始学习中文。波鸿大学1964年才正式成立,并建立了新模式下的东亚研究所,1969年改为东亚研究系,在大学里是一个独立的单位。那个时候,在所有的德国大学中,一年级的汉学学生都是从古代汉语开始学习的。有一位教我们的汉学教授叫霍福民(Alfred Hoffmann),是中国文学专家,三四十年代曾在中国待过。他主要教古代汉语,使用的是海尼士(Erich Haenisch)编写的《古典汉语教科书》(*Lehrgang der klassischen chinesischen Schriftsprache*),是二三十年代编成出版的。我们也读了《论语》《孟子》，我还记得学习了唐代诗人李白、杜甫关于看月亮的诗，尝试着把它们诗翻译成德文。我们也看了《史记》的一部分。一年级的古代汉语课非常难，但是我一定要学汉语，所以坚持了下来。第二年，我们才开始学一点现代汉语，霍福民教授也教一点现代汉语，但只讲了一个学期。当时还从中国台湾找了一位文学教授来教我们现代汉语，但也只是念文字，而不是练习口语。那个时候德国现代汉语的教学方法完全不行，从台湾来的文学教授实际上也不是语言老师，而且他使用的是英文课本。这就是20世纪60年代末德国汉学教育的情况。

为了学习汉语语言，我决定自学并制订了学习计划。我买到了1959年在北京出版的德文版《汉语教科书》，是北京大学外国留学生中国语文专修班编的。每天从家到学校的路上，我自学一小时。学了两本以后，我参加了读报纸的课，就是一些阅读课，可以帮助我了解当代中国的一些情况。但是那时我的汉语还不怎么好，只能慢慢地读报纸，再自己一点点翻译出来。当时很多学生都没有坚持下来，因为没有汉语基础，看报纸也不行。可以说，60年代德国的汉学学生，都没有机会进行完整的、系统的汉语口语基础学习。

在我们大学的东亚系委员会，1971年9月有过一个很热烈的讨论，就是关于现代汉语课怎么落实的问题。有学生要求让一位刚刚获得博士学位的老师作为助教，用现代的教学方法讲现代汉语课。当时我们还没有什么学习计划，也没有详细的考试规定，所以问题是，我们所学的课程应该是"古代汉语"还是"现代汉语"？可不可以用中国台湾出版的教科书，或者在中国大陆出版的教科书，作为授课的基础教材？这个问题变成学生们热烈讨论的问题。我作为学生代表，在东亚系委员会上代表学生发言，强烈要求，第一，从第一个学期开始就要学习现代汉语；第二，学习使用汉语拼音，还要用一些在中国大陆出版的教材作为现代汉语教学的基础课本。关于在东亚系出现的现代汉语和古代汉语教学的争论，当时的一些报纸也参加了讨论。报纸报道那位年轻的汉语博士，因为教授中国大陆通行的现代汉语课程，被学校开除了，这个人当时还参加了出版毛泽东文章的研究项目。

直到1974年3月，我那时已经在中国了，东亚系的考试规则才确定下来，硕士考试包含一个主要的专业，还有两个次要的专业。也是从那个时候开始，从第一学期就要开始学现代汉语，一直到第四学期，每个星期学习 4 小时；古代汉语只学两个学期，每个星期也是 4 小时。可以很明显地看出来，从那个时候开始，现代汉语代替古代汉语，成为学习汉学的学生最重要的课程。70 年代在北京语言学院，我们的学习也主要是读课文、看书。上天安门参观是我们的第一堂课，主要是看，没有机会说，也没有口语课。说汉语还是后来在北大，和我的中国同屋王大贺、张彦玲一起练习的。

在我上大学的 60 年代后期，全世界爆发了各种运动，除了中国的"文化大革命"以外，在西方也发生了 1968 年学生运动。这场学生运动对于德国政治、教育的价值取向、思想理论及实践策略都具有变革性意义。这场运动对我的学术和政治思想也很有影响。运动的发生在我看来有各种各样的原因：一是为了一个平等的社会而斗争；二是为了一个平等、民主的大学而斗争；三是为了一个平等、和平的世界而斗争，包括强烈反对美国侵略越南。当时，德国柏林爆发了一场非常有名的学生示威运动，不仅反对美国侵略越南，同时也反对垄断资本的专制独裁统治和侵略政策，争取民主、自由、人权、进步。1955 年以来，联邦国防军建立，西德正式加入北约，并且重新购买了很多新的武器，所以这也是反对德国政府再军事化的运动。

波鸿大学的学生也参加了运动。波鸿大学是一所刚刚建立的大学，所以不如柏林那么积极。但是我们也有一些活动，如示威游行。我记得学生运动期间，1968年5月11日，在当时的西德首都波恩有一场全国学生参加的大规模示威游行，反对"紧急状态法"（German Emergency Acts），大约4万人参加。这是有关宪法第十七条修正案的基本法，增加急救条款确保联邦政府处理自然灾害、示威游行和战争危机的能力。大部分的学生觉得这个"紧急状态法"是对宪法基本权利的限制。我们学生除了提一些大学和教学改革问题以外，要求社会平等、男女平等也是很重要的一个方面。那时候，社会对女人的束缚还比较强，例如，不应该穿长裤，应该有一个比较有女性特征的仪表；在法律上，男女地位还没有平等，家庭里丈夫是家长，掌管家里的收入，妻子负责家庭事务和培养、照顾孩子。只有征得丈夫的同意，妻子才能参加工作，参加劳动，开银行户头。所以我们女生比较积极地参加了这场运动，我们要跟男人处在平等的地位，要穿我们喜欢的衣服。经过几年斗争，1977年才有法律把男女平等落实。

学生们也积极参加学校内的选举。波鸿大学有学校委员会，也有学生委员会，东亚系作为一个独立的系，学生们选举我当他们的代表，一个是在全校范围的学生委员会中，一个是在学校委员会中。所以我很早就参加一些讨论，一方面讨论学校的政策，要求增进学生民主，在最高委员会中增加学生数量，作为他们的代表。另一方面也讨论一些教学的方法，如怎么安排课程等。我们要求在大学里改革课程，包括改革讲课的方法。比如说我们要求学现代汉语，也要求多一些讨论会，少一些讲座。总之，我们希望争取学生们能有更多参加学校决策的权利。

当时在历史系有一位比较有名的教授鲁道夫·维尔豪斯（Rudolf Vierhaus），后来成为哥廷根的马克斯·普朗克历史学研究所的所长。他研究近代史，特别是19世纪、20世纪的德国历史。我上了他的关于19世纪德国历史的课。放假的时候，我还和一个同学一起写了很长的论文，看了很多资料，仔细分析了1870年的所谓文化斗争，也就是国家和教会的关系，以及国家怎么处理和一些天主教的议会代表的关系。另外一个课题是当时德意志帝国政府关于社会民主党的政治问题。政府对工人运动有两个办法，第一个办法是压制，不允许社会民主党公开活动；第二个办法是给工人一些福利，提高他们的生活水平。所以这两个办法从那个时候开始差不多成为每一届德国政府的政策。我认为看历史，了解当时的情况，会扩大眼界，提高认识社会的觉悟。

我在1968年夏天听了一位名叫汉斯·胡思（Hans Roos）的教授的课，他讲关于波兰的历史，也讲1917年的十月革命及其对欧洲的影响。学生们非常喜欢听他的讲座，因为那个时候年轻的教授和助教，他们都有讨论会，让学生们多看一些资料，自己分析。但他是一位很传统的教授，讲课的方法也很有意思，通常是讲完了以后才能提问。在政治系我听了一门课，关于"什么是政治"。教授不仅会讲不同的政治理论，如政治学理论，也会讲到政治和伦理的关系。东亚系有一位教东亚政治的教授，经常会提到越南战争的一些问题，讲越南战争的扩大化，也包括柬埔寨。我在历史系也有一门课，关于"德国经济史和20世纪的经济史"，内容涉及"19世纪的德国统一问题"，以及"19世纪末的德国经济和社会政治"等问题。这些历史方面的课程为我后来研究中德关系打下了一个比较好的基础。讲授这门课的教授名叫迪尔特玛·派奇纳

（Dietmar Petzina），他后来当了波鸿大学的校长，也是我考德国历史时的主考人。

我学历史的时候兴趣比较广泛，除了上课以外，自己也看了很多书。比如说对历史和社会的关系很感兴趣，看了一些关于刚刚发展起来的社会史研究方面的书。我还上过一门课，授课的是后来在文化界非常有名的一位教授，名叫希尔玛·霍夫曼（Hilmar Hoffmann），他在波鸿大学开设了一门关于现代电影的课，大概是1967年、1968年冬天，这门课给我留下了深刻的印象。他给我们看了苏联20世纪20年代非常有名的导演谢尔盖·爱森斯坦（Sergei Eisenstein）的很多电影，这些电影采用了一些新的技术和新的方法拍摄。我觉得了解电影怎样表现历史以及当代问题很重要。爱森斯坦讲关于电影的理论，也讲电影史上非常重要的一些电影。很可能从那时候起，我对于电影的兴趣就一直非常强烈。后来在柏林，我经常去柏林电影节看电影，包括很多中国的电影。

还要多谈一下汉学的情况。波鸿大学东亚系是德国第一个教中国学、日本学、朝鲜/韩国学的独立院系，这在德国是很重要的事情。当然，那时波鸿大学东亚系刚刚成立三年，教授也是刚刚聘请的，有些教授对学生运动是友好的，虽然和学生保持着一些距离，但是他们还是允许我们谈论很多事情。那个时候东亚系还是在城里，不是在郊区。波鸿大学其他的院系都在郊区的新楼，但是我们东亚系还在城里的老房子里。所以对我们来说，东亚系好像一个大家庭，学生不多，汉学专业中大概只有五六个学生上古代汉语课，上现代汉语课的也大约是这个人数。我们相互之间都认识，比较熟悉。

我们汉学专业的学生经常讨论专业方面的原则问题。一个重要的问题是，用"汉学"还是用"中国研究"这个概念，进而要搞清楚什么是汉学，什么是中国研究。当时不仅在波鸿大学东亚系，而且在全德国研究中国问题或者搞汉学研究的学者都要考虑这个问题。1972年3月，很多搞汉学研究的学者，也包括一些学生，在波鸿大学开会，讨论德国的汉学和中国研究的情况。学生们要求搞清楚汉学包括什么内容，和中国研究有没有区别。波鸿大学的学生们要求把汉学的概念现代化，把美国兴起的一些新的社会科学研究方法考虑进去，并把汉学作为一个区域性研究。

除了波鸿大学，在20世纪70年代初只有柏林自由大学从"区域研究"的角度出发教授汉学，而且研究中国问题的教授比其他德国大学要多。除了教中国文学与语言的霍福民教授外，还有一位教中国历史的格林（Tilemann Grimm）教授，主要侧重于研究19至20世纪的中国历史。他是在中国长大的，他的父亲曾是一位在中国的德国学校的老师。他后来写了一本关于毛泽东的传记，在1970年出版了。他在波鸿大学也组织了一个研究小组，第一次把毛泽东的一些著作和文章翻译成德文。我经常上他的课。除此以外，我也听了一些中国政治和中国经济方面的课。所以，东亚系是一个特殊的单位，其他德国大学的汉学系或者汉学专业都是偏传统的，他们很少研究中国现当代问题。但是格林教授不一样，讲了很多关于当代中国的课。他是汉堡大学傅吾康教授（Wolfgang Franke）的学生，后来还有一位老师是维特豪夫（Bodo Wiethoff），也给我们讲中国近现代历史，并特别强调历史学的研究方法。

除了东亚系的课程之外，我也努力上一些历史系的课。因为我学了两个专业，而且教汉学的格林教授同时也在历史系讲课，所以我把汉学和历史这两个学科连在一起，不仅学到了很多知识，而且得到了一些理论上的启发和不同的研究方法方面的训练。我们那个时候,也是在学生运动的影响之下,有一批东亚研究所的学生,经常自己组织讨论会,例如,讨论方法论,讨论怎么学习历史,怎么学习中国历史,怎么读文章,怎么分析历史文献和资料。经过讨论,我们一方面了解了现代历史学的理论方法;另一方面,我们也在反思,因为那些理论方法都是在西方发展建立的,没有考虑或者大部分没有考虑西方以外的情况,所以完全是欧洲中心主义的评价结果。在学习中,如何利用这些理论方法,分析中国的问题和中国的历史,对我们来说是一个很大的挑战。

我们组织和参与的学生讨论会,对我来说很重要的一个影响,是对我的学术思想有着非常大的启示,即在研究问题时要强调方法论,强调理论,也强调从批判的态度出发分析史料。无论方法、理论还是档案资料,对我来说都是一个统一体,缺一不可,这是第一。第二,通过学习、参加学生运动,以及参与一些学校政策方面的讨论,我开始认识到学习知识、研究学术,与学校管理这样的社会问题是分不开的,理论和实践是分不开的。当然每一个连接都有独立性,但是不可能完全隔离。

作为东亚系的学生,当时我们更多考虑的问题是：第一，不要跟传统古典汉学一样，不考虑社会科学研究的理论方法，我们一定要考虑到这个方面。第二，如果要学中国历史，不能只找一些相对来说不重要的古典问题和没有意思的问题，而是要从现代和当代的一些问题出发分析中国历史。比如研究"文化大革命"，主要的问题是"文化大革命"为何发生？"文化大革命"发生的原因是什么？从历史的角度如何回答这些问题？

那时我们能看到的已经发表的关于中国历史的论著，大部分都是英文的，因为德国还没有出版那么多关于中国近代史或当代史的书，只有一本傅吾康 1958 年写的《中国革命的世纪 1851—1949》(*Das Jahrhundert der chinesischen Revolution 1851—1949*)。他 20 世纪三四十年代在中国待过，所以对于中国的变化很有兴趣。除了这本书以外，大部分有关中国历史的英文书是美国人写的，所以那时恐怕美国汉学对德国人研究中国历史的影响要更大一些。当时我还不知道，但是现在了解到，很多德国汉学家在三四十年代离开德国，因为他们是犹太人，或者他们是抵抗希特勒的，所以很多人先来到中国，然后去了美国。实际上也是由德国人在美国培养出一批新的汉学家。但是，那个时候还没有什么人研究德国汉学的历史，所以我们学生对此不太了解。我们知道有一位老师，也在中国待了很多年，但是我们不知道"二战"时他曾经是纳粹党的重要党员。那个时候他正在做关于中国鸟类的研究。

我在学习的过程当中，慢慢开始考虑硕士论文的题目。开始的时候，我觉得"文化大革命"很有意思。因为那个时候在学生运动中也谈到毛泽东的作用、"文化大革命"的作用。有一批人他们非常支持中国的"文化大革命"，但是也有一批人反对，他们支持苏联、东德的模式。中间还有一批人，他们可能还不知道怎么想。可能我就属于中间那一类，我不是赞成或反对，而是要了解、分析中国的"文化大革命"是什么样的。所以开始的时候，我把研究的题目设定为"文化大革命"，收集一些资料，或者看一些有关的文章，越看越觉得这个题目太大了，没办法写。还有很多资料在波鸿大学找不到，所以这个题目对我来说很难写。我和我的导师格林教授讨论这个问题，他说最好写一个历史学方面的，因为这样的资料在我们这里可以找到。而且那个时候比较普遍的研究方法是，不仅仅分析一个问题，除此之外也要翻译一部分资料。格林教授也提到可以分析一些中国的历史学家，后来我们决定把我的硕士论文主题确定为

翦伯赞著《历史哲学教程》

"关于翦伯赞的研究"。翦伯赞是中国近现代著名历史学家，20世纪30年代写了一本书《历史哲学教程》，是史学理论研究方面的重要著作。我要把其中一部分章节翻译出来，然后放在当时的历史背景下分析。1972年，我就慢慢着手翻译。

此外，如果能找到一些关于中国的德文或者英文的书，我马上就看，包括一些小说和历史方面、旅游方面的书，只要能找到的我都看。如果要总结我的学习经验，总的来说，我觉得对我来说很重要的，是一边学习历史这种分析性较强的研究性的专业，一边学习汉学。两个不同专业连在一起，这个很重要，和其他只学汉学的人不一样。第二，大学期间参加学生运动，使我知道如果要改善学校，改良社会，改进男女不平等的状况，一定要自己积极努力，不能消极等待，等待不可能发生的变化。第三，因为学习汉语比较困难，教育方法不科学，资料也不太多，到中国去的机会也不知道什么时候才有，因此有很多学生不再继续学习，另外一些人可以到中国台湾去，也有到日本去学汉语。因为在语言方面我觉得我的进步很慢，而且汉语很难学，所以第四、第五学期我也曾犹豫，要不要继续下去？可能学汉语对我来说不太合适？应该改专业还是不改？几个月来我反复考虑，但是后来，我还是决定，即使学汉语的情况不太好，我还是要继续。因为对我来说，随着我学习的兴趣越来越浓，慢慢有了这个态度：碰到一些困难的时候，一定要尽量克服。

我越学中国历史，越读中国资料，就越喜欢深入了解关于中国方面的知识。那个时候，中国和德国还没有正式建立外交关系。1972年，联邦德国和中国才正式建立了外交关系，从那时起开始了两国之间的学术交流。交换留学生是当时的第一个项目，每年可以互派10个人。因此，从1973年开始，德国学术交流中心（DAAD）在各个大学做报告，告诉学生如何报名，怎样申请到中国留学。刚开始的时候我没有想去申请，但是第二次看到这个信息时，我决定一定要申请，一定要到中国去。我想如果能到中国去学习，第一，要看中国，第二，要学中国话，第三，一定可以为我的硕士论文收集更多的资料。

我申请了第一批交换学生项目。申请德国学术交流中心（DAAD）的奖学金，需要有一位教授写推荐信。那时我找到教汉学的老师，他说可以，没问题。他给我写了第一封推荐信，我看他提到我在大学和在社会上参加一些政治运动，觉得不太合适。我当时是参加了学校的一些学生活动，但是我还是学生，代表学生的利益，所以我觉得这样写不符合事实，而且写对一个学生的评价，应该主要集中在学术方面。所以我拿着那份评价找到这位老师，跟他说我觉得如果这样写不太合适。他说好，我可以修改一下。推荐信上交了以后，我再去拿时，发现一般情况下，后面的话应该写"我非常支持她的申请"，如果没有写，这个推荐就完全没用。我于是再去找他，请他写上这个句子，他说："哎呀，我忘了写。"直到第二次补充了那句重要的话，我才得到满意的推荐。

出现这样的问题，应该说和当时的政治背景有关。学生运动时有两派，一派是比较进步的，都是"左翼"，另一派是有点保守的。这个区别可从教课方面看出来。我们东亚研究系有一位年轻老师，有点保守，不赞成学生运动。他讲一些《史记》的课和古代汉语的课。我和一个同学一起上他的课。因为他知道我在学生运动中表现得比较积极，所以觉得我肯定在学习方面不够好，这是那时的一个偏见，保守派就这样认为。但是他很快就发现，我从来都不缺课，而且每一次都事先准备好课程的内容。我自己觉得，因为他是保守派，我是进步派，所以一定要预习好这门课。而且这门课只有两个学生，所以每一次，每一个礼拜，我至少需要用一天的时间，看古代汉语的语法和词汇，一个学期下来都很成功。第二个学期只有我一个人上这个古典课了，这对我来说压力很大，我只有更加认真地学习。有一次上课，老师来了后说，很对不起，我们今天不能教课，不能读《史记》的那一部分，因为周末有亲戚来家里，需要照顾他们，所以没有时间准备课。这个对我来说是比较高兴的，因为我知道了，老师也需要很多时间备课。后来老师慢慢了解到，我是比较认真学习的学生，对我比较满意。

到中国留学除了有推荐信以外，还要写一封申请信，申请以后，需要从波鸿到波恩去参加面试。那时联邦德国一共有四十多个学生申请，都要到波恩的德国学术交流中心（DAAD）去考试。我是自己从波鸿开车到那边的，开始我觉得一小时可以到，但实际上要经过科隆，科隆是大城市，四处堵车，我11点钟才到达考试的地方，而面试是在10点钟。我非常着急，觉得来不及了，没有机会得到奖学金了。但是到了后我发现，每个人考试的时间都比原来规定的多一些。我刚到两分钟，他们就开始叫我的名字。考试都是口试，教授们问一些问题，让我们回答。考官是五六位德国汉学教授，都没有去过中国，都是比较传统的。他们问我为什么要到中国去，因为学生运动的时候，有一批学生属于共产党，老一辈的教授们怕到中国去的学生都是毛泽东主义的，他们不太喜欢派这样的学生去中国。当然我们那时候不太清楚这个。他们还问了一些学术和汉语方面的问题，也问了一些个人方面的问题，比如说你有没有男朋友，你是否是一个人，你觉得在中国可以怎么生活，等等，这一类的问题，我觉得比较奇怪，因为我不怎么喜欢回答关于个人的问题，所以我有一点拒绝回答他们的问题。他们提问我20分钟后就结束了。我觉得这个奖学金他们不会给我了，回家的路上，我有一种失败的感觉。那时得到去中国的奖学金特别不容易。当然得知最后的结果还需要等两个礼拜。

　　两个礼拜以后，我在波鸿大学碰到一个跟我一起申请的同学，他说刚收到了被批准获得奖学金的那封信，他可以去中国了。当时去中国留学一共只有7个名额给学汉学的学生，我觉得可能每个大学一个名额，不可能给波鸿大学两个名额，所以我更觉得失败了。等我回到家，发现有一封信，是德国学术交流中心（DAAD）寄来的信，我当时差不多不想打开，因为我不想看到他们不允许我去中国。当我打开以后，突然发现，他们同意我去！非常高兴啊，太高兴了！我激动得马上给父母打电话，和他们说，我想到中国，我很快会到中国去，因为这是第一个机会。那个时候有很多人问我为什么学汉语，你没有机会到那边去，中国是一个非常遥远的国家。现在我的申请成功了，我很高兴，我一定要去中国。所以我很高兴地给我父母打电话。但是我的父母有一点难过，他们说我还是孩子，又是女孩，一个人到那么远的地方去，他们很担心。刚开始他们不怎么愉快，后来看到我的决心很坚定，他们才慢慢同意了。

开始的时候，德国学术交流中心（DAAD）跟我们说，我们大概于1973年9月出发去北京，我非常非常着急地做准备。后来他们又说还没有准备好，晚一点先到北京语言学院去。德国学术交流中心（DAAD）那时组织了一次准备到中国留学的学生见面会，他们

1973年罗梅君申请来华学习时的照片

说,他们还不知道我们在中国的情况会是什么样,如果我们碰到一些问题,我们自己要想办法,当然也可以找我们的大使馆。当时西德在北京的大使馆已经建立了,那个时候大概有30个人在大使馆里工作,所以我们遇到问题可以随时找他们,因为使馆工作人员当中有一位是文化处的处长。当时我们去中国的留学生一共有10个人,其中有3个人已经先到中国去了,他们不是学习汉语专业的,我知道其中一个人搞法律,后来被聘为帕绍大学法律系教授，也在中德法律工作人员交换（Vorstandsmitglied der deutsch-chinesischen Juristenvereinigung）方面搞一些工作，这个人就是孟文理（Ulrich Manthe）。还有一个人是学习经济的。他们第一年都要先学习汉语。其余的7个人都是学汉语专业的，来自汉语系，3个女生4个男生。其中一个来自汉堡，一个是来自柏林自由大学的Peter Schier，后来是汉堡亚细亚研究所的研究员，主要研究中国政治发展的问题。另外两人一个来自慕尼黑，一个是来自蒂宾根的Marina Salland，她后来成为关于中国经济方面的顾问。二人均来自波鸿大学。

在等待去中国的日子里，我继续撰写硕士论文，在写作关于分析和评价翦伯赞一章时，我也将翦伯赞的《历史哲学教程》中的部分章节慢慢翻译了出来。而且我在思想方面也需要准备一下，特别看了一些介绍当代中国的书。这些是我到中国以前的故事。

第二章
初 到 中 国

    我第一次到中国就是来北京,时间是从 1974 年的 1 月到 6 月。那时中国正是"文化大革命"的后期。

    1974 年 1 月 11 日,我们 7 个德国留学生经从巴黎转机后到了北京机场,那时德国还没有直达北京的航班。北京语言学院的齐树仁老师到飞机场迎接我们,还带了很厚的棉大衣给每一个德国学生,怕我们衣服不够,容易感冒。齐老师会说德语,是我们德国留学生的辅导老师,之后我们有事经常找他。他非常友好,对我们帮助很大,到今天还保持着联系。我们先被接到北京语言学院，语言学院是我们到北京生活和学习的第一站。来中国以前，我们都不知道中国具体是什么样，在那里如何生活，是一个人一个房间还是两个人，还是和中国人住在一起，也不知道吃饭、洗澡等情况。当时语言学院有五六十个来自西方的留学生，留学生中德国人不多，美国人基本没有。当时来自社会主义国家，如罗马尼亚、南斯拉夫、阿尔巴尼亚、朝鲜、越南的学生比较多。

我们刚到语言学院时，学校的领导介绍说，北京语言学院的前身是北京大学对外汉语教学的一部分，1962 年，独立成为专门教授外国人汉语的一个单位，名称是"外国留学生高等预备学校"。1964 年的时候改名为"北京语言学院"，是郭沫若题的字。1965 年 1 月，北京语言学院正式建立，开放接待外国人。1973 年，搬到现在五道口这个地方，这里原来是一个矿业学院，后来他们搬走了。1974 年语言学院最高的领导机构是革命委员会，革委会有 3 个工人宣传队代表，3 个解放军派的代表，有学院的老师，还有两个上面的政治部门派来的干部。革命委员会里 30% 是女性，同时他们考虑要落实老中青结合的政策，其中"老中青"的年龄段是指，55 岁以上是老年人，35 到 55 岁是中年人，18 到 35 岁是青年人。革命委员会决定语言学院怎么管理，也包括怎么管理留学生部。今天我能写下来这些具体的情况，就是因为当时凡是有介绍或者有参观的机会，我都会带上小本子记笔记。

外事处的老师也给我们开会，当然首先他们都说欢迎你们来北京，你们是留学生，也是德国的代表，我们要增进德国和中国的友谊。除此以外，他们也告诉我们语言学院的一些规定，例如怎么吃饭，宿舍楼晚上几点钟要关门，你们需要什么时候回来。如果要离开宿舍，离开语言学院，或是离开北京，一定要告诉他们，要服从学校的纪律，这个很重要。因为对语言学院来说，特别对那些负责人来说，他们原来只接待过来自社会主义国家的留学生，这是第一次接待西方资本主义国家的留学生，完全不了解我们，不知道怎么对待我们，也是一个新的经验。所以也会比较清楚地告诉我们，如果我们犯罪的话，要依据什么样的法律来制裁。可以看出来，那个时候老师们很紧张，我们也有一点紧张，加上我们还年轻，所以我们都比较听话，也表现得比较好。在中国，我们的首要任务是学习汉语。我说过我能读报纸，但是一句中文也不会说，不会说"谢谢"，不会说"你好"，也不会说"我想买东西"。所以我们都觉得应该好好学习汉语，要了解中国。语言学院很快就有一个小考试，评测我们的汉语水平。德国汉学专业的学生的汉语水平普遍比较低，能读一些中文，但是说不出来，这是一个特点。

其次，语言学院给我们安排很多参观的地方。我们11日刚到达，15日就被安排到城里去，让我们看很多城里的情况。我们被安排到清华大学参观，发现清华离语言学院很近。我们也去了民族学院参观，这个非常有意思，因为在那边我见到了著名的社会学家费孝通教授，但只是简单介绍了一下，因为我还是初到中国学习汉语的学生，后来也有机会再次见到他。学校老师还给我们介绍了五道口附近的情况。星期三、星期四第一次上了汉语课。1月17日，刚到北京一周，我们就自己进城了。我们坐31路公共汽车先到平安里，然后换车到王府井。我们还去了中国银行东华门支行，因为除了德国奖学金以外，我们也接受中国政府的奖学金，因此每个人需要开一个中国银行的账户，别的地方都不行，就是到那边才可以办。那时中国政府每个月给留学生的奖学金为125元人民币，这个相当多啊！因为20世纪70年代一般的大学老师每月工资只有五六十元。那一次我们比较顺利就回到了语言学院。那时的北京汽车不多，基本没有出租车，人们普遍坐公共汽车，还有一次我们坐一个三轮摩托车回到语言学院。除了参观一些地方之外，我非常努力地学汉语，一般是上午上课，下午自学。我们学得很快，先学"单位"是什么意思，单位、领导、老师，这些词我们学得很快。当时中国物资缺乏，买东西还需要粮票、布票、自行车票、棉花票，等等。但是我们外国同学把东西买了就行了，之后由我们的老师来解决各种票证的问题。比如说哪个同学买点心，他把钱交了，然后他拿着东西走了，齐老师要到那儿去签字，意思是说将来这个粮票由北京市外办出。

快到春节时，语言学院利用寒假给我们安排了第一次旅行，是到南京、杭州、上海去参观。可以说这是我们到中国之后，第一次比较深入地了解中国社会的方方面面。那时我们离开北京，要拿着护照和居留证到北京市外办去办专门的旅行证。语言学院外事处有一位曹老师，他每天就是为大家去办这些事情。那个时候没有改革开放，对外国人的限制较多。

我们从北京站上火车，第一站到南京。我们坐的是夜车，原本应该晚上 7 点出发，但是火车晚点 2 小时，9 点才出发。我们就在火车站里面等，但是因为有齐老师陪同，所以大家在一起很热闹，没有什么问题。火车行驶当中，我发现在小村庄附近，有家族的坟墓，没有公墓。

从南京开始，我们的活动安排一般是上午和下午参观、座谈，晚上看演出。参观的项目十分丰富，时间安排得也非常紧凑。我们最先参观的是南京大学对外汉语研究所，他们教日语、俄语、德语、英语、法语、西班牙语，当时有一千多名中国学生，其中有一百多人学习德语。一个人介绍了南京市的情况，他说南京有两千多年的历史，是江苏省的经济、政治、文化中心，把北部和南部连在一起。也提到1927年蒋介石叛变革命，1949年共产党解放南京。1949年的南京市不是一个工业城市，工厂不算太多，大部分是小型手工业。新中国成立以后，南京的工业发展很快，有六百多个小工厂，1974年时已有30万工人。讲解人还提到南京有26所医院，而在新中国成立以前只有6所。

在南京，我们也参观了浦口一家有名的石油化工厂，工厂的革命委员会欢迎了我们，并介绍了工厂的发展历史。工厂一共有3800名工人，当中有1100名是女工，他们经常强调女性占多少比例，我觉得很好，这一现象在西方很晚才看到。他们也提到某些技术方

南方街头宣传革命样板戏的海报

面比较新的方法,觉得工厂还是在发展当中。除了生产以外,工人们还学习马克思、毛泽东的思想,发展无产阶级革命的路线,他们认为通过学习可以提高生产效率。我们也参观了1968年建成通车的南京长江大桥,这是长江上第一座由中国自立设计和建造的大桥,所以比较有名。他们非常强调"独立自主,自力更生",这对他们来说非常重要。自1960年大桥建设正式开工,至1969年1月1日南京长江大桥公路交付使用,一共有7000名工人,用了9年的时间。他们碰到了什么问题?在此期间苏联原来同意把钢筋出口给中

罗梅君在南京长江大桥

国,但是后来没有给。还有一个问题是,1960年刚刚建立大桥的基础时,还有一些苏联技术工人帮忙,但是之后因为中苏之间的矛盾,苏联撤回了全部技术人员。没有办法,中国于是在鞍山钢铁厂自行实验怎么制作钢筋,成功后他们才可以继续下去。工厂领导人给我们介绍这段经历时非常自豪,我们都觉得中国人应该为此感到自豪,因为这是一项比较高的技术。他跟我们碰到的其他的人,不管是领导人,还是管理者或是学者一样,都比较热情地介绍中国的情况,中国怎么解决问题,现在处于怎样的发展过程当中,也回答我们提出的问题。当时的介绍,大概都是以1949年为界,分为新中国成立以前和新中国成立以后,这个我们很容易理解。

在南京我们参观了中山陵,更多地了解了孙中山在中国历史上的重要性。孙中山提出"三民主义",在台湾的国民党也非常佩服和拥护他。在中山陵看到很大的字"博爱"和"天下为公",我们都非常感动。之后还去了有一千多年历史的灵古塔和明太祖的陵墓,也参观了江苏省历史博物馆。在那里,我主要是看他们怎么将历史分期,如第一部分是阶级社会,包括奴隶社会和封建社会。我还记得他们提到的比较重要的一个词——"奴隶创造世界"。秦代以前有夏代、商代、西周、春秋战国时期。提到秦始皇,说他建立了一个统一的专制主义的封建帝国。我还记得比较清楚,某些展览的部分特别强调农民起义,因为毛泽东说"哪里有剥削,哪里就有反抗"。还有介绍鸦片战争、洪秀全领导的太平天国运动以及其后的义和团运动等。还有一个方面是特别强调马克思、列宁和毛泽东的思想,孙中山也包括在内。对我们来说,很有意思的是谈到"五四"运动的时候,他们只提到鲁迅是当时"五四"运动的领导人,其他人都没提到。

晚上一般给我们安排看文艺演出，如杂技团演出，还看了服饰的表演，因为第一次看，又都是年轻人，我们非常喜欢，因为以前从没看过。我们也看了现代京剧，是表现1928年穷苦的农民与地主做斗争的情节。当然我们的汉语还不是太好，但是可以大致看懂内容和表达的意思，故事梗概都比较清楚。大意是说，如果农民有了正确的领导，他们就可以取得成功；但是如果没有好的领导，他们就没办法把敌人和朋友区分开来，所以强调共产党的重要性。我还记得那个口号是"军民团结如一人，试看天下谁能敌"，这对我们来说很有意思。还看了电影《火红的年代》，电影的内容还是强调自力更生，跟我们看的建设南京长江大桥类似。在南京城里，我们也可以看到一些标语口号，如"团结起来，争取更大的胜利"等。虽然每一天我都觉得非常累，但是都很有意思，很充实。

从南京我们又到了杭州，参观游览了西湖和宋代的一些遗址。下午参观了一个龙井茶厂。那是一个小村子，已经有七百多年的历史，村里一共有250户人家，有1200人在那里劳动。对我们来说很有意思的是，65%的收入是按照他们的工作能力分配的，而不是共同均分。同样有意思的是，他们比较重视教育，村里的孩子一定要上学,所以新中国成立以后一共有150个孩子都上了中学。新中国成立以前这个村子没有人上大学,现在有3个大学生。我们觉得非常好,所以我特地记下来了。那个生产队也有一个党支部,除此之外,他们组织了一个财政组,一支青年队,还有妇女小组,他们特别强调妇女在生产队的劳动力量。他们也有一些福利方面的政策,例如,一个人没办法劳动,生产队给他粮食、衣服和一些药品。那时候我还不知道喝的茶是怎么来的,参观茶厂让我学到了很多。他们给我们展示怎么做茶,红茶、绿茶有不同的技术,但是都是用手工来做,我们觉得也很有意思。除了茶厂以外,我们还到了一户农民的家里。这家人用自己做的年糕招待了我们。家里一共有7口人,也有一个大学生,所以他们家的经济和教育情况可能算比较好的。年纪大的老人已有83岁,家里还有3个男孩。他们有3间小房子,而新中国成立以前连一间也没有。其实他们情况不怎么好,还是没有自来水。

除了参观农村,我们也参观了杭州染织厂,这个厂也是革命委员会领导的,一共有17个人在这个委员会,包括3个女工,我们觉得还是不错的。那时西方工厂的领导人中可能连一个女性也没有,特别是在西德。他们给我们介绍工厂的历史、技术、生产、福利方面的情况。这个厂1922年由当时的民族资本家建立，1956年转变成公私合营，之后才变成国家所有。他们有一个工会，工会每个礼拜开一次会。另外，每个礼拜工人有3—4小时用于政治学习。工厂一共有1700个工人，一半是女工，大部分工人不住在工厂。工人每个月的工资最低是32元，最高是115元。工资在1972年有一些提高，技术人员可以拿到最高的工资。管理者中有两百多人是共产党员。我们留学生都知道丝绸，但是没有一个学生知道丝绸是怎么生产的。我们还参观了工厂办的幼儿园，有三十多个孩子在幼儿园里，他们的情况还比较好。工人们也提到一些问题，例如，对他们来说，生产时机器的噪声太大，所以他们一直想办法，怎么把声音稍微降下来。

在杭州，晚上同样是看文艺演出，看了一部电影，名字是《战洪图》，是讲1963年夏天，海河沿岸的农民与特大洪水搏斗，最后牺牲了自己的村庄和庄稼，保住了天津市的真实故事。对我来说这是一部很感人的电影，因为为了生存就要和洪水斗争。

参观的最后一站是上海，由上海市教育局的一个人给我们介绍上海的情况，他特意强调上海在1949年

5月28日解放了。我们特别参观了中国共产党在上海召开第一次全国代表大会的会址,1952年后成为纪念馆。门口有一个牌子写着1921年7月的参会者,有毛泽东、何叔衡、董必武、李达、陈潭秋、王尽美、邓恩铭等人以及共产国际的代表荷兰人马林等,还提到其中4个人在新中国成立以前就牺牲了,有3个人是后来背叛了革命,包括张国焘、陈公博、周佛海。对我们来说,除了怎么评价那些人以外,还有一个有意

北京语言学院留学生参观中国共产党第一次全国代表大会会址

思的事，即每个人来自不同的省，比如有的来自湖南省、湖北省、广东省、山东省、上海市的共产主义小组。因为我们那个时候看中国是一个整体，是统一的。我们一般分得不那么清楚，但是你可以看出来，那个时候非常强调一个人是从哪个省出来的，是属于某些学共产主义理论的学习小组的，这些学习小组是中国共产党成立的基础。我们那时也问了一些问题，例如，问共产国际代表对中国的影响怎么样。有人回答时强调中国共产党要学习共产国际的经验，所以中国加入共产国际。列宁派一些共产国际的代表，是为了分析中国的情况，是来指导中国革命的，他们的代表也参加了第二次党代表大会。中国共产党的成立，主要原因还是在于中国内部，不是外部。也有人问李大钊和陈独秀的问题，他们强调李大钊也是中国共产党创始人之一；也提到陈独秀是新文化运动的发起者，是马克思主义的积极传播者和中国共产党最重要的创始人之一。

在上海郊区，我们参观了虹桥人民公社，这当然是一个模范的人民公社。虹桥公社一共有16个生产队，121个小队，共有6340户，有14780个劳动力，规模非常大。他们那时有15所小学、两百多位老师。

对我们来说很有意思的是，他们也不是只强调成功的一面，介绍时也提到他们生产的一部分蔬菜不行了，所以不能完全用。还有人说机械化水平太低，大部分都是手工做的，机械化水平有待提高。另外，还介绍了运输状况，菜运不出去，现在只有7辆大车拉蔬菜到上海。不过，他们还是比较自信的，既谈好的方面，也谈不怎么好的那方面。对我们留学生来说，这一点比较重要，我们觉得这样的介绍是可靠和可信的。

除了看农村，我们还参观了少年宫，我觉得非常有意思，因为在联邦德国，没有这种专门的儿童活动场所。少年宫是孩子们课余活动的地方，那个房子原来属于一个英国资本家。去那里的都是大约7岁到16岁的少年儿童，差不多每天有两千多个孩子在那里。他们也进行一些政治学习，例如，请工人、农民、军人给他们开讲座，同时也参观工厂、人民公社和部队。除此以外，还有体育运动和文化活动，例如，骑自行车、爬山、射箭、武术、打乒乓球。他们利用毛泽东的一句话，"古为今用，洋为中用"，既教传统的乐器琵琶、古筝，也教芭蕾舞、弹钢琴等，把中国文化、西方文化都包括在内，教育内容非常丰富。

在上海看现代芭蕾舞《白毛女》和《红色娘子军》

的一部分,也给我留下了很深的印象。开始的时候,大家都唱《东方红》。用芭蕾舞的形式来表现阶级斗争和毛泽东思想这种做法对于我们来说非常有意思。第一,这是我们以前没看到过的,是一种中国文化的表达。第二,这些文化节目带有一些政治色彩,用于宣传中国的政策,这是当然的,但是因为我们是从外国人的角度看的,因此我们分析,这个节目从另一个角度给我们介绍了中国社会和中国政治的情况。此外,我们还参观了一所医院。

我们在上海参观期间住在南京路的和平宾馆,它在过去和现在都是非常有名的宾馆,宾馆里有人弹钢琴。当时还处于"文化大革命"后期,这样的宾馆还算有一点资产阶级的味道。晚上我们在外滩散散步,四处看一看。但是20世纪70年代的上海还是跟过去类似,房子都是跟原来一样。我们到那边很少看到行人,只有一个男孩和一个女孩,他们好像是在谈恋爱,那个时候很少会在外面看到年轻人谈恋爱,所以我们觉得是一个特殊的情况。看到浦东,今天到处都是高楼,有很多灯,但是70年代时那里一片漆黑,房子很小,都是农民在土地上建的。晚上在和平宾馆,我们也听了非常有名的一支爵士乐队演奏,乐队成员都是年纪比较大的人,好像都是40年代学习过音乐的。不过,我们非常喜欢。80年代以来,和平宾馆的乐团成了有名的"老年人乐团",有的人七八十岁,也有一位九十多岁。最近我又去了和平宾馆,房子都重新装修了,住在那里非常昂贵,但是"老年乐团"还是老样子,每天晚上有40年代的爵士乐演奏,只是演奏者更老了。

对于我们留学生来说,特别对于我个人来说,这次参观旅行是非常重要的,加深了我们对于中国的了解,也提高了我们的汉语水平。因为一路上都要说汉语、听汉语,这对于提高我们的汉语能力非常有帮助。

回到北京以后,我们的课才算正式开始。1974年2月4日早上8点开始了我们正式上的第一节课。我还清楚记得,我们的第一堂课是《上天安门》。授课的是一位年轻的新老师,她姓史,教学经验不太多。我整整一个下午和晚上,都在准备关于天安门的课,而且老师要求我们背诵。那个时候,给外国人教汉语的方法还很简单,他们的方法跟老一辈汉学家用的方法类似,只是让我们背课文。这个课完全没有口语,就是念书的课。我个人来说比较认真,就念一念,而且可以背。我们也做一些文章的翻译,作为我们的作业。

比如 6 月份，学期快结束以前，我认真翻译了毛泽东的一篇文章《纪念孙中山先生》，这个翻译今天还保存着。但是除此之外，我们慢慢地就有一点不太满意，因为我们没有口语课。特别是从旅行回来以后，感觉应该提高口语能力，于是，我们德国学生，还有一些法国学生、英国学生在内，就向我们的老师提出来，说到外面买东西、吃饭时，我们不知道怎么表达，我们都没有学过口语，所以请他们也给我们开设口语课。老师们考虑了很长时间，后来才同意给我们教授口语。

除了汉语课之外，还有一门是中国概况的课，由齐老师讲，我也喜欢。因为概况课我们会有一些讨论，开始是简单的讨论，因为我们的汉语水平还比较低，但是慢慢学着怎么说出自己的想法，怎么听别人发言。比如说非常有名的意大利导演安东尼奥尼，在 1972 年拍摄了一部纪录片，名字叫《中国》，我们和一位老师也讨论过对这个电影的看法，当然我们的意见不太一致，但是还是很有意思，因为我们有机会跟中国人谈中国的问题，这在德国是没有办法做到的。还有一个特点，因为我觉得经常查词典，查一些字太麻烦，应该做一个语言"大跃进"。用什么办法呢？我先是买了一本关于孙中山和中国近代史的中文书，用词典大概每天只能看几句话，而不用词典来慢慢理解大意的话，每天可以看两三页。如果一个句子中重复出现一个词，而且是比较重要的词，那我再去查字典。当时我用这个办法觉得进步比较快，因为我慢慢地学会了不用查每一个词而提高阅读水平。后来我当了老师，也给我的学生们讲应该用这个办法看中文的书。慢慢地，我就可以读一些中国报纸，逐渐了解当时的一些讨论。为了了解当代中国的情况，以及关于当代的讨论，当时我自己订了《红旗》杂志，后来还订了《新华日报》。

那时已经是1974年2月末，我看到有一些关于"批林批孔"的文章，比如说《人民日报》批评一部晋剧《三上桃峰》，说这个剧是为刘少奇翻案的"大毒草"，我们也注意到了，知道这个运动慢慢开始了，当然那个时候还不太清楚具体情况。我们在五道口买到了"批林批孔"的小册子，试着看一看，希望了解这个运动的目的，因为我们还年轻，不知道怎么评价这场运动。留学生那个时候没有参加这个运动，但是我们看到在语言学院里面，有很多大字报，恐怕那个时候"批林批孔"运动愈演愈烈。

一般来说，我们上午上课，除了上课以外，下午有的时候看电影。我还记得一部描写抗日战争时期的电影《地道战》，是 1965 年拍的，我也觉得很有意思，因为我对历史，特别对"二战"时期的历史比较感兴趣。除了看中国电影以外，大使馆的文化处有时候也给我们安排一些活动。因为人很少，那个时候在北京的西德人恐怕不超过 40 人，所以有的时候我们也在大使馆看德国电影。当时西德驻北京的大使代办叫 Heinrich Röhreke，他是在中国长大的，20 世纪 30 年代末 40 年代初担任德国派驻重庆和昆明领事馆的领事。

上课之外，语言学院继续安排我们参观北京著名的景点和场所，例如，参观了故宫、北京展览馆和农业展览馆。我们第一次看到那么丰富的中国手工业产品，有些展品非常有艺术性。而且那个时候，参观的人很少，我们去的时候也有一些外国人，是从苏联来的一个代表团，参观展览给我们留下的印象很深。一方面是语言学院安排的，另一方面我们也特别想了解中国老百姓的生活，所以差不多每个星期出去一次或两次。像中国人一样，我们每人都买了一辆自行车，有时坐公共汽车，有时骑自行车。有的时候到天安门去，有的时候到王府井的东风市场去。东风市场就是现在的东安市场，"东风"是"文化大革命"时改的名

罗梅君1974年在北京

字,那儿有很多外文书和古旧书店,我去那里买过一些书,都是很有意思的书。除了书店,那里也有不少的小吃部,有非常好喝的甜的红豆汤。如果我们骑自行车从语言学院到东风市场,大概有15公里远,需要一个半小时。3月份北京的天气还有点冷,刮着风,所以我们到那边马上就喝一点热的红豆汤,感觉很舒服。

我坐公共汽车的时候,碰到了一件事。一个老太太看到一个年轻的解放军女战士上车，就把座位让给这个解放军，我觉得很难以理解。我自己想来想去，还和一个同学探讨这个问题。后来我觉得，很可能因为那个老太太对解放军的印象非常好，此外别无他因。那时候我们留学生对自己国家的军队和军事持有怀疑的态度，不怎么拥护军人。但是我们发现，在中国不是这样的，因为八路军参加抗日战争，解放军对保卫国家和人民发挥着很重要的作用，所以中国老百姓对解放军的评价比较高，含有一种尊敬的态度。

那时在北京的外国人很少，一般来说，我坐公共汽车，或者去买东西，就是一个人，有时也会两个留学生一起出去。北京人不怎么注意外国人，他们看一下就好了。但是如果碰到一些从外国来的人，他们就看出来我是外国人了，因为我的头发是深色的。

到北京的时间长了，我们自己也经常到琉璃厂、书店去看一些艺术和所学专业方面的东西，也在北京的胡同散散步，了解老百姓的日常生活情况。我们特别喜欢到前门大街和前门外的那些地方去，很热闹，还有很多古老的手工制作的东西，有一个商店卖的酸奶很好喝，这些都是老北京的特色，我记得很清楚。除了酸奶以外，我喜欢吃苹果派，我们留学生在离北京大学很近的中国科学院宿舍院子里，发现有一家糕点商店，因为最早是为苏联专家服务的，所以他们制作的都是西式点心，特别是10元一个的苹果派，又大又好吃。还有一个是在城里的国际俱乐部，他们也卖苹果派。没有课的时候，我们骑自行车去城里买东西，那时已经可以说很简单的汉语了，当然不能说太复杂的内容。

在北京，我第一次听到3月8日是国际妇女节，因为在西德没有这个节日。在语言学院第一次过妇女节，是把"批林批孔"大会和纪念"三八"国际劳动妇女节连在一起的。一共有6个妇女发言，有工人、学生、老师、教育改革组的代表和一位革命委员会的主任。一位语言学院的老师发言，她谈到妇女在新中国获得了解放，过去的女人在很不好的条件下工作，社会地位很低；在家庭一切都应该服从丈夫，这是孔子的思想。女人为了照顾孩子和家庭，不能进入社会。新中国成立以后，才能参加工作，参加一些社会活动，也获得了比较好、比较高的地位。至于林彪和孔子的共同性表现在哪些方面，最后说他们都歧视压迫妇女。因为是妇女节，所以晚上在五道口的工人俱乐部，我们可以去看一场芭蕾舞或者听一场音乐会，这些是特别给女学生看的，对我来说也很有意思。

20世纪70年代北京的冬天比柏林冷。那个时候，留学生两个人住一个房间，我跟一个德国女同学住在一起。从外地旅行回来以后，我觉得不太舒服，我的同屋先发烧了，还有另外一个德国学生也发烧了，后来我也生病了，烧得很厉害。我在北医三院住了两个星期，和一个朝鲜女生住在一间病房，我们两个人用汉语说话，但是都说不太好。我记得大夫给我打盘尼西林退烧，好一点以后，我就坚持说不要，他们后来同意了。我在北医三院住院的经验也比较丰富有趣，我发现跟德国医院很大的一个区别是，如果有人生病住院，一定有亲戚来陪同照顾他。我没有亲戚在北京，就是我的同学和老师，他们经常来，几乎每天都有一个人来一次。除了陪同，其他的病人都有亲戚来给他们送饭，我却没有，但是医院能给我安排午饭、晚饭，安排得都不错。负责的大夫照顾得很仔细，而且比较认真。等我慢慢好一点，就可以看书了，也看了看医院的情况。病好以后，大夫说我可以出院回语言学院时，我很高兴，因为语言学院差不多算是我的家。

北京生活的很多方面和德国不一样，冬天屋里也很冷，我穿了很多衣服还感觉冷。下午吃饭以后，我就躺在被子里。因为我们是留学生，生活条件在某些方面比中国同学好，例如，伙食要好一些，那时候留学生楼的暖气比中国人好，但白天也有好几个小时没有暖气，我们上课的时候都穿了棉裤，感觉还可以克服寒冷。刚到北京，我就买了一件中国人常穿的绿色军大衣，那时没办法买到别的。除了留学生食堂，我们也常常在路边的小饭馆吃饭。但是某些地方和中国同学也可能是类似的，比如说热水的问题。一般来说我们也没有热水，只有一个洗澡的地方，是下午5点到7点有热水。如果我们要洗澡，就要每天按照那个时间来安排，错过了这个时间就不能洗澡了，所以这个要特别注意。打国际长途电话也要进城，很困难，在中国的时候，我只给家里人打过两次电话。写信寄过去要两个礼拜，回信还要两个礼拜，我今天写，四个礼拜以后才能收到回信。

在20世纪70年代，如果有重要的德国政治家来北京访问，德国大使馆就请我们留学生参加大使馆的晚会，因为那时住在北京的德国人很少，除了留学生以外，只有两三位记者和大使馆的人。我还记得那时赫尔穆特·科尔（Helmut Kohl）担任德国基督教民主联盟（CDU）主席，但还不是德国总理，他和夫人一起来北京访问。我们参加完大使馆召开的欢迎晚会以后，几个德国学生和德国记者来到北京饭店，外国访问者都在那儿住。那时我们进城，只能到北京饭店去上厕所，其他的地方不容易找，也不太干净。大约晚上10点半，我们正在三楼等电梯，突然，科尔穿着睡衣，从后面匆匆走过来，因为在电梯旁边有个电话机，那时候北京饭店的房间里还不能接国际电话，有人从德国打电话找他，他就从房间走出来接电话。老北京当时就是这样的。

在语言学院，我们常跟老师们在一起聊天。因为一般除了上课以外，跟中国人谈话的机会非常少。有时我们坐公共汽车，或者在饭馆里，也跟老百姓谈一谈，但是聊得不多。所以这些语言学院的老师是我们最主要的谈话对象，也可以说是我们了解中国社会的重要渠道。我还记得有一位老师，他请我和一些同学到他的家里，我们在那边喝水聊天，还谈到《三国演义》，因为报纸有报道，我们就问为什么现在谈到《三国演义》，是不是跟"批林批孔"的运动有关系呢？有些时候我们也和老师们一起劳动，搞卫生，这也是我们聊天的机会。

4月以后天气不那么冷了，有太阳的时候，我们利

罗梅君在北京语言学院参加劳动

用星期天骑自行车到香山和颐和园去。语言学院也安排我们参观了北京的地道,地道非常大。有一位解放军老干部给我们介绍40年代他们怎么利用地道抵抗日本的侵略。但是我们也会怀疑,如果苏联真的攻进中国,这个地道可能还不够大。对我们来说,还有一个很有意思的参观,是访问北京市东城区五七干校。我了解到,五七干校是"文化大革命"期间,为了贯彻毛泽东"五七指示"和让干部接受贫下中农再教育，将干部、科技人员和大专院校的老师下放到农村，进行劳动的场所。我们还利用一个星期天到天津参观，很早就出发，看了那边的艺术博物馆，也参观了一个工厂。因为当时天津的人很少见到外国人，所以他们都围上来看我们，让我们感觉很不舒服。

我记得很清楚，4月29日，我们在语言学院开了一个"五一"节联欢会，所有国家的留学生都参加了，一边跳舞，一边唱歌，有人还跳芭蕾舞。4月30日晚上，我们骑自行车到天安门去，因为是"五一"前夜，到处都很漂亮，大街上满满的都是人，老百姓都在外面散步。那时候他们没有怎么注意我们是留学生，我们可以到处看。"五一"节当天，我们留学生坐语言学院的汽车到中山公园，参加节日的游园活动，看了一些节目，也散散步，感觉很不错。

6月以后，我们就开始准备考试，一个是口述讲一个故事，一个是按照一篇小说讲出内容的大概意思，还有一个是写一个故事。在那场考试当中，我也写了一篇小论文，是关于秦始皇的历史作用。

考试结束后，有一天晚上，我和两个朋友一起去了圆明园。那个时候圆明园还没有修，一些遗址都在

1974年语言学院留学生在中山公园参加庆祝"五一"劳动节游园活动

1974年的圆明园遗址

农田里面，很难找，但是我们运气好，都找到了。我们坐在那里，回忆1860年西方侵略北京的历史。6月回德国以前，我还跟一个朋友一起再到天津，看了天津租界的一些老房子，还去了比较有名的"起士林"，这是天津最早的西餐馆。1900年八国联军侵占天津以后，据说有一个随着德国侵略军到天津的德国厨师，名叫起士林，以制作面包、糖果而出名，起士林的西餐传播了西方的饮食文化。在那家起士林里面，我们吃了一些具有德国和奥地利特色的蛋糕。

在语言学院期间我还有一个经历。有一个在德国大使馆工作的德国朋友有汽车，他开车带我们到十三陵去玩。晚上回北京城里时，他问我："你想不想开车？"我说可以啊。我在德国已经有六年多的驾驶经验，但是在中国开车还是第一次。虽然顺利到达了北京城里，但是我全身出汗，衣服都湿了，因为开车时感觉压力很大。第一，那时在街上没有路灯，而且从十三陵到北京的路都是农村的土路；第二，虽然路上几乎没有别的汽车，但是有很多人随便跑来跑去，还有很多推小车和骑自行车的人都随便穿过马路，非常危险。开车时可能我只开到一小时25公里，开得很慢，我害怕开得太快会碰到人。所以，这个经验让我终生难忘。从那个时候开始,我再也没有在北京开过车,感觉很危险。

我到北京语言学院以后,给我印象最深的首先是慢慢了解了中国生活的各个方面,差不多所有的地方都和德国不太一样,例如,坐公共汽车、买票、吃饭、洗澡、旅行、医疗,等等,都不一样,大学的情况也不太一样,我非常好奇。当然我是作为一个学生来分析中国的不同,我也用一些分析的方法,边看边了解中国社会。第一,我发现中国很穷,那个时候我没有想到中国是那么贫困的一个国家。第二,虽然中国很穷,但是人与人之间都比较平等,贫穷的人和有钱的人差别不大。

其次,还没有到中国的时候,我对中国的看法可能是抽象的。但是在中国生活学习了半年多,感性的认识增加了。我听一句话,立刻就会联想起来这个词的背后是什么,因此能慢慢了解中国的情况。当然,我们对中国的理解还是有一点浮浅,虽然参观了很多地方,看了很多电影,但是除了我们老师以外,我们学生和普通中国人的接触也不算太多。我的汉语水平当然有了很大提高,特别是我的阅读能力提高比较大,但是口语方面还差一些,因为那个时候不怎么强调练习口语。在听力方面，过去我没有听到过中国话，在语言学院我听老师，也听其他的人说汉语，慢慢就能听得懂了。

我们也发现，中国的生活速度比德国要慢一点。德国的速度体现了一个工业国家和工业社会的速度，但是中国的速度好像还停留在农业社会，我们的生活方式也受到了比较大的影响。比如说在中国，一天分三个部分：上午、下午、晚上。如果你跟一个人说下午见面，那么下午一定是从14点开始的。这个是每天的安排，是比较正式和有规律的。在西方那个时候，我们所说的下午可能指很多不同的时间段，一定要说清楚几点钟，日程安排得比较紧凑。在中国对我们来说，还很有意思的是中午休息两小时，睡午觉在各地都很普遍。我们后来也习惯了中午休息，因为从吃完午饭到下午2点之间没有什么事情，所以我们也按照中国的生活方式休息一下，但没有睡午觉。还有一个是，我们开始的时候会觉得很奇怪，你碰到一个人，他不说"你好"或"你怎么样"，而是问"你吃了吗？"开始的时候，我们不太理解这个。当然后来我们知道，这是一件很重要的事情，而且"吃饭了吗？"也不是一般的客气话，是表示友好的话，这与中国当时还比较贫穷有关。

我经常会将中德两国的社会做比较。在中国的生活体验,也让我从外部的角度更多地了解了德国。我离开德国之前,也去了其他的国家旅行,如南斯拉夫、英国、比利时、荷兰、意大利,也到法国去了一趟,但都是短期的旅行。中国是我长时间住的第一个国家,当然对我来说是一个很好的机会,了解一个新的国家,也从中国的角度来了解德国。

还有一个经验是,语言学院中从西方来的学生大约有一百多人,其中从德国来的有10个人。如果一百多个人一起参加旅行,是很热闹的。我自己第一次跟那么多不同国家的留学生在一起生活,一起学习,一起谈问题,一起交换意见,这对我来说,也是一个比较重要的经验。因为开始的时候我们的汉语都不怎么好,所以我们用英语来交谈。这个经验在德国是没有的。我们的大学制度与中国不同,学生并不住在学校,大部分都是租房子或者住在自己的家。所以在德国,国家方面,大学方面,私人方面和学生方面,都是隔离的。在中国,我第一次有了和许多国家学生共同生活、旅行的经历,我的英语水平也因此提高了。

1974年6月21日,一位德国女同学和我一起乘巴基斯坦航空公司的飞机回国。我们先到卡拉奇，然后到巴黎，从巴黎飞到法兰克福，从法兰克福再坐火车回到波鸿的家。当时坐飞机的人很少，我恰巧碰到了戴维·柯鲁克（David Crook）和夫人伊莎白·柯鲁克（Isabel Crook），他们曾在1940年代来到中国。柯鲁克曾于1936年至1938年间参加了由各国共产主义者和社会主义者组成的闻名世界的国际纵队，加入了西班牙内战，反对佛朗哥（Franco）法西斯政府。西班牙内战被认为是第二次世界大战发生的前奏。他们有很强的国际主义精神。后来在北京时，我又去看望了柯鲁克。柯鲁克给我们讲西班牙内战的情况，还给我们唱那个时候的革命歌曲。我知道有一些外国医生支持中国共产党，那时也到延安去支持中国的抗日战争。柯鲁克给我的印象很深刻，对我的影响也很大。

有意思的是，2014年，我曾经在北京看到一本书《参加西班牙内战的中国人》（2013年广西师范大学出版社再版），我马上想起了70年代跟柯鲁克的谈话，我立刻打开书，看到书里描述有一批中国战士参加了西班牙的反法西斯战争，参加国际纵队，为了民主而斗争。看了那本书，我非常感动。里面写了一个比较有名的共产党员谢唯进的故事，作者访问了他的亲人，也写了他后来的情况。谢唯进先到德国，希特勒上台以后，他和他的儿子汉生（Han Sen）一起移民到瑞士，后来他的儿子留在瑞士读书，他自己则去西班牙，加入了国际纵队。内战结束后，他和战友们一起先到法国的南部，在一个类似集中营的地方集中，那个地方的名字是"Gurs 强制收容所"，1941 年以后，也有很多来自法国和其他国家的犹太人被集中于此，再从这个地方被送往奥斯威辛集中营。

1938 年，谢唯进和他的战友们好不容易得到一个离开法国回中国的批准。后来他想办法把他已经 15 岁的儿子从瑞士带回来，跟儿子一起回到中国，先到重庆，然后到延安。他的儿子已经 15 岁，一直在德国和瑞士长大，完全说德国话，而且是柏林口音，一句中国话也不会说，所以他很不习惯。后来这个小孩在延安碰到一个德国人安娜（Anna），她是王炳南（原中国外交部副部长）的妻子。这个孩子一直想回德国，所以他和安娜经常在一起聊天，但是由于战争没有办法离开中国。后来 50 年代初，他在东北一所大学学习，那儿有一些苏联学生，他跟那些苏联学生经常在一起，觉得苏联离德国很近，可以先去苏联，然后想办法回德国。大概在 1957 年的时候，他被顺利批准到苏联去，他爸爸支持他。在中国，他觉得不太舒服，不像中国人。他留在苏联，仍然没有办法到德国去，就学了俄语，跟一个俄国的女孩结了婚。20世纪90年代中期，有一名德国记者到他工作的工厂采访，需要找一名德语翻译。这个工厂领导人说，我们有一个人可以给你翻译，这个记者给这个人打了电话，电话里记者觉得这个人好像是德国人，因为他完全是柏林口音。跟他见面后，才突然发现原来是中国人。所以他采访了这个人，问他为什么在这里，为什么是柏林口音等。这个中国人就是汉生。他跟德国记者讲他的历史，说他还是很想回柏林。后来记者给汉生写了一本传记，在德国出版了，以后还拍成了电影，最后真的帮助他回到了柏林。现在汉生和他的俄国太太就生活在柏林。我也认识他，拍电影的时候，我们都去了。这个故事非常感人。

回德国时，在飞机上还发生了一件很有意思的事情。因为我们乘坐的飞机人非常少，而且我们是两个小姑娘，所以当飞机飞越喜马拉雅山的时候，飞行员和服务员问我们，要不要进他们的驾驶舱，从那个地方可以很清楚地看到覆盖着雪的喜马拉雅山。以前没有机会看到，我们都非常激动，因为我们发现了大自然和喜马拉雅山的魅力。

1974年夏天我回到了德国，但是第一天、第二天、第三天在波鸿，我觉得非常奇怪，车太多，人太少。我那个时候已经习惯了在北京，所以回到波鸿有点不适应。我自己开车，也是第一、第二天不太敢开，因为半年多没有开车，特别是还有在北京开车的经验，过了一段时间才慢慢习惯。

如何看待第一批德国留学生，包括其他的西方留学生呢？应该说，我们是"文化大革命"期间，由政府外交部派到中国的第一批留学生。"第一批"对我们留学生来说，对中国方面来说，对西德政府来说，以及对其他管理机关来说，都是一个新的经验、一个探索的过程。而第二、第三批留学生，则可以借鉴我们的经验。所以当德国政府派第三、第四批留学生的时候，就请我给新的留学生介绍在中国学习、生活的各种经验，包括出发前需要做好怎样的准备，遇到问题时，用什么办法解决，等等。这些经验，都是我和其他留学生经验的总结，我们开辟了德国与新中国文化与教育交流的道路。

第三章
走进北大

1974年8月29日,我从德国出发,第二次来到了北京。

这一次,我知道我会从语言学院转到北京大学历史系,在那里开始专业学习。因为搬到北大的事情还没有完全安排好,所以我们又到城里转了转。我买了一台小收音机,那时候我每天都要听中国的新闻。那是我第一次在9月份待在北京,发现北京9月的天气很有意思,晴天有太阳,可能持续四五个小时,突然一小时下雨很厉害,但是大雨过后又会出太阳。我非

1974年罗梅君在北大注册时的照片

常喜欢这个变化,喜欢9月的秋高气爽。所以在以后的几十年,我经常选择9月到北京来。

和语言学院告别后,我们于9月12日搬到北京大学。当时并不是所有语言学院的留学生都转到北大,从语言学院转入北大继续学习的一共有22个国家的91名留学生。我记得德国的留学生只有4个人转到北大,我选择了历史系,因为我在德国学的是历史专业,特别学习了中国近代史,而有的同学选择了哲学系,还有人搞语言学,因此选择文学系。我和一些其他国家的留学生一起,成为北大历史系的高级进修生。我记得比较清楚,我们中国近代史班大概有八九个人,除了我之外,还有德国学生彼得(Peter Schier)、德国女学生玛莉亚(Marina Salland),此外还有3个法国学生基普罗(François Gipouloux)、拉穆卢(Christian Lamouroux 他后来改中文名字为蓝克利)和妮娃尔(Jacqueline Nivard),一个意大利的女学生和一个非常年轻的日本女学生,她的汉语水平很好。当时我们欧洲人语言水平可能差一点,但是我们都学过一点中国近代史,所以还是比较容易懂。

为了迎接从语言学院来的留学生,北大在南校门和25号楼、26号楼的马路两旁都插上了彩色的旗子,还挂上了横幅标语"热烈欢迎各国留学生",北大一些革命委员会的领导、老师和中国学生一起在那里欢迎我们,他们非常热情。和语言学院不同的是,我们从一开始,就被分配跟中国学生住在一起,我的第一位同屋是历史系世界史专业的学生,她的名字是王大贺。我们女生都住在25号楼,是南校门旁边的第一个楼,男生住在26号楼,26号楼北面则是我们留学生的食堂。我们都很高兴跟中国人住在一起,这样就有很多机会学习说中国话。当天晚上在留学生食堂,举行了留学生和中国师生一起参加的茶话会,气氛十分热烈。我后来听说,茶话会的标准是每个人一元钱,这在当

1974年9月12日参加北大欢迎茶话会

时是很不错的。

到北大的第二天,留办老师带我们参观了北大的校园。北大的校园很大很美丽,比语言学院的院子大得多。下午3点,北大教育改革领导小组的负责人麻子英老师给我们介绍了北大的情况,接着是历史系领导的介绍,还介绍了"批林批孔"运动,重点提到林彪的错误路线。因为那个时候我选的中国近现代史课还没有正式开始,所以我们又到故宫和天安门照了很多相。

我记得很清楚,9月17日我们正式开始上课。我们每天差不多7点半开始上课,一直到11点。我一般7点起床,因为我不在食堂吃早饭,只买一点简单的面包,喝点茶,而且早晚的天气也渐渐地有一点冷。

中国近代史主要授课的老师是张寄谦,还有一位年轻的老师徐万民帮助辅导,他们都是历史系的老师。我们都非常喜欢张寄谦老师,因为她讲课很清楚,而且会写很多板书,所以我们可以一边听课一边记笔记。还有一门现代汉语课,由留学生办公室的陈如老师教授。讲古代汉语的是赵克勤老师,这门课我非常喜欢,因为我那时已经有一定的现代汉语基础,我发现,有

1974年北京大学西校门内

一些现代汉语基础后再学习古代汉语，更容易理解古代汉语的语法。

还有一位是哲学系的王义近老师，给我们讲一些马克思主义理论和基本的哲学原理，我也喜欢这门课，但是有一些留学生不怎么喜欢。每个星期一下午我们都有哲学课。因为我要练习汉语，跟我们的哲学老师经常有一些讨论，其中讨论过毛泽东的《实践论》，讨论历史上人民群众和领袖的作用——谁是历史的动力，是群众，还是大人物？我们那个时候都认为，人民群众是历史发展的基本动力。我们学了马克思主义哲学原理后，也讨论历史唯物主义与唯心主义、主观性与客观性的区别，以及辩证唯物主义、历史唯物主义的问题。我们也跟哲学系的冯友兰教授见了面，听他的讲座。

最多的汉语口语练习，是每天晚上跟我的同屋王大贺聊天，我试着跟她谈一些关于德国和中国的问题，她也问了我很多关于德国的情况，因为她的专业是世界历史。所以我的汉语能力在那个时候已经慢慢提高了，只是谈到一些专业问题和一些社会问题时，还不太容易表达。虽然用汉语谈话很累，但是我觉得很好，要提高语言水平，一定要多交流。大概是因为我学习

第三章 走进北大 | 073

罗梅君和加拿大、法国留学生及中国同学在25号楼

中国近代史的缘故,一个月以后,又换了新的同屋,她是中国史专业的张彦玲。

我们入学不久就快到"十一"了,因为是新中国的国庆节,所以,从9月27日开始就有一些跟国庆相关的活动,例如,有一个报告,内容是向留学生介绍新中国成立25周年这段时期里,中国发展得非常好。还有一些和历史系同学在一起的联欢节目,跟中国同学、老师在一起演节目,开玩笑,大家很快乐,气氛

北大历史系同学的国庆联欢会

也很好。"十一"对我们来说也是一个节日,北大派车带我们去了颐和园,晚上到工人体育场,他们在那边有一个很大的活动,还放了很多的焰火,我第一次看到那么大、那么漂亮的焰火,当然非常高兴。

在北大,我们还认识了两位教授,一位是奥地利人蔡思克(Walter Zeisberger),一位是德国人赵林克悌(Käthe Zhao),他们两人对我们留学生很好,也帮助我们逐渐了解北京大学和中国的情况。蔡思克教授的母亲是犹太人,他是20世纪30年代跟随母亲从维也纳移民到中国的。开始时,他先在辅仁大学学习民族学,

北大德语教研室蔡思克（Walter Zeisberger）教授

后来当助教，再后来搬到北大，跟一位中国女性结了婚。所以他一直留在中国，在北大德语系教学，也参加了《德汉词典》的编译组。蔡思克对我们很好，我也非常喜欢他的诙谐与幽默。他还养了两只可爱的小猫。他住在燕东园，有时候晚上我去拜访他，他就教我怎么下围棋，有一次我竟然赢了他，因此我非常愉快。蔡思克学习如何下围棋，是在"文化大革命"停课期间，不上课他就自己学习围棋。而且他关于"三十六计"的研究也非常多。所以他的知识面很广，这是第一。第二，他也指导我如何读《人民日报》，怎么分析《人民日报》的那些消息。"文化大革命"的时候，蔡思克也受到了迫害。现在，对他个人经历的研究也属于我研究项目的一部分。

德语教研室的赵林克悌是一位女教师，她教德国文学，差不多早期所有北大德语系的学生都曾经是她的学生。除了教德语以外，她也参与一些翻译工作。20世纪30年代末，她参加反法西斯活动，帮助德国犹太人的孩子移民到英国，也因此被投入监狱。40年代她与一个中国留学生赵锡霖在柏林相识并结婚，婚后育有两个孩子。在法西斯时代，由于在德国政府看来中国人不是雅利安—日耳曼民族，因此同样不是优等民族，虽然德国政府不会像对待犹太人那样残酷地迫害中国人，但是一个德国女人和一个中国男人结婚是很困难的。所以，第二次世界大战以后他们才结婚。她跟丈夫于1947年来到中国，先到清华大学教俄语和德语，然后1954年搬到了北大，之后在西语系教课。她丈夫在清华大学化工学院教课。在北大，她住在一座非常漂亮的老房子里，在未名湖附近，是原来燕京大学的一部分。我那时经常陪她回家，我们常谈到一些德国的问题，她也非常喜欢音乐，而且常看德国古典

罗梅君和赵林克悌（Käthe Zhao）在北大朗润园的家前面合影

文学方面的书。她的丈夫1958年被划为"右派"，她也因此受到了一些影响。"文化大革命"中有一个人打枪，伤到了她的头部。但是她是一个很乐观的人。所以，可以说有两个年纪大的德国和奥地利教授给我们传授经验，招待我们，帮助我们更深入地了解中国社会，是非常好的事情。后来只要我到北京，就会去看望他们。

在北京大学，我们也参加了校方安排的社会方面的一些活动。例如，我们到昌平县看了南口机车车辆厂，他们的革命委员会也给我们作了介绍：这个厂是1906年建立的，到1974年已经有4600名工人。介绍的时候特别强调，过去都是外国人建工厂，但这个工厂是中国人自己建立的。20世纪20年代成立了工会，传播马克思主义，一些工人参加了"二七"大罢工，也加入了1924年成立的全国铁路总工会。1937年该厂被日军占领后，工人的工作和生活条件都不好，所以很多工人支持共产党，支持八路军抗日。抗日战争结束以后，共产党的地下组织领导工厂的工人反对国民党的统治。"文化大革命"之后建立了革命委员会，也组织了一些工人理论队伍，大概有两百多名工人参加，其中30%是女工。

有一天下午，我们参观了一个教育展览，共有六个部分。第一部分是一个口号"教育要革命"。那个时候在中国，口号非常重要，而且某些口号在当时比较普遍，我现在还记得很清楚。第一个是"为人民服务"，第二个是"克服困难"，还有一个是"我们的朋友遍天下"。这些口号便于记忆，所以直到现在，某些情况下我还会使用这些口号。第二个部分是社会主义教育革命，应该在党的领导下实现；第三部分提到从工人、农民、解放军中选择大学生,北大于 1970 年 8 月招收了第一批工农兵大学生;第四部分是坚持"开门办学"政策;第五部分反映学生参加写工厂、农村的历史;第六部分是外国留学生在中国。这个展览很有时代特色。我们也参观了鲁迅博物馆。晚上也去五道口的工人俱乐部看评剧,这是北方的一个剧种,非常有中国老百姓的性格特点,我们都很喜欢。参观活动都是北京大学留学生办公室安排的,留学生办公室的领导当时是柯高老师,我们留学生都喜欢他,因为他非常理解和照顾我们,如果有问题的话,马上就可以找他。历史系有一位蔡火胜老师,也非常关心留学生,我和他们两个人的关系非常好。以后无论什么时候回到北大,我都经常去看望他们,而且他们一直都帮我忙,可惜的是他们都已经去世了。

1974 年 10 月初,北大给我们介绍关于"开门办学"的一些原则。因为 1974 年 9 月,中国政府发出通知,认为"开门办学"是教育革命的新生事物,要走出校门,以工农兵为老师。当时的大学都开始学工、学农、学军,兴起了开门办学的热潮,开门办学成为那个年代中国教育的特色。10 月末,我们开始到北京二七机车车辆厂开门办学。北京二七机车车辆厂(简称二七厂）在北京西郊，离闻名中外的历史古迹卢沟桥很近，是历史上京汉铁路工人"二七"大罢工的发源地之一，后来发展成为内燃机车的专业生产厂。二七厂跟北京大学关系密切，这个工厂也派一批工人到北京大学，属于北京大学革命工宣队的一部分，所以北京大学和这个工厂合作，学生到那边开门办学。但是除此以外，这个工厂也派一些工人到北大上学，体现当时工农兵上大学的政策。我们在工厂待了差不多两个礼拜。那个时候，我们留学生的同屋，还有我们的老师，都和我们一起到工厂开门办学。

在二七工厂的两个礼拜给我留下了深刻的印象，在此之前我在德国从来没有进过一家工厂。我们于10月30日10点到达，工厂党委的代表，也是副厂长迎接了我们，并介绍说从1970年起，工厂革命委员会是"三结合"的领导，有工人、干部和技术人员，是三个方面的人结合在一起。他们也批评了过去的修正主义路线。"文化大革命"当中的工人也包括老工人，都开始普遍学习毛泽东思想。共产党的委员会在每一个车间、每一个部门都有自己的党支部。工厂领导也特别强调工会和共青团的作用。我们注意到有一些很重要的口号，如"组织广大群众学习马克思主义毛泽东思想""狠抓阶级斗争，阶级斗争是社会发展的动力""为党和国家培养工人新干部"，还有一个是"要注意关心职工群众生活"，因为这是党的政策的一部分，也强调国际主义教育。我们参观了工厂和我们将要参加劳动的生产车间，那里的工人也欢迎了我们。当时还有一个比较重要的口号是"抓革命，促生产"，这个工厂最近六年里，每年都提前一个月完成生产计划，他们强调为了提前完成工作，有很多工人自动延长工作时间。大部分西方的学生都参加过1968年的学生运动，听到"自发地多工作"这样的介绍，我们怀疑是不是有剥削工人的意思。在第二个星期，"三结合"的领导成员也介绍了工厂其他方面的情况，如教育、福利、经济方面的情况。我们在专门的食堂吃饭，住在以前给苏联专家建设的小楼房里，在那儿可以洗澡，我们都觉得北大的学生在工厂的生活条件不错。

在二七厂，除了参加劳动以外，我们更多的是了解工厂的历史和工人的劳动生活情况。二七厂的历史很有特色，1920年第一批北京大学的知识分子来到了这个工厂，跟工人谈话，谈到帝国主义、军阀统治，启发工人的阶级觉悟，那个时候工人运动才刚刚开始。在1920年的中国历史上第一个"五一"国际劳动节，

罗梅君和北大的老师、同学在二七厂参加开门办学

这个工厂里就有一些人意识到了工人的权利。二七厂是一个革命的工厂，1923年，这个工厂的共产党小组领导工人参加了第一次京汉铁路工人大罢工。后来罢工虽然失败了，但是他们的革命性很强，显示了中国工人阶级的力量。那时因为我们学习了中国近代史、现代史，所以对这段历史很有兴趣。除了听工厂领导的介绍，我们还和一些参加了二七罢工的老工人见面，听他们亲自给我们介绍当时的罢工情况，我们备受感动。这个工厂也出版了一本小册子，介绍他们参加罢工的经过。晚上，我们还到一个老工人家里去看望他，

他对我们非常友好，聊天的时候他感到很骄傲，因为他很小就参加了二七大罢工。我的汉语老师陈如，也跟我们一起参加各种活动，她把老工人的报告做了录音，汉语课的时候再放给我们听，以此提高我们的听力。那时跟老师们在一起，有很多的讨论，讨论氛围也比较随意。我们也去看望了带领我们参加劳动的那位女师傅的家，她住在工厂的工人住宅区，她家不是一个单独的房子，是很多平房连在一起的。我们也看到有三千多名工人参加了义务劳动。

我们还参观了工厂的"三八班"，全部是女工和女技术员。在和她们座谈时得知，1955年二七厂还没有女工，1958年以后开始有很多女工，70年代工厂一共有八百多名女工。"文化大革命"的时候，她们建立了"三八战斗组"，以后改为"三八班"，她们的口号是"自力更生"，也批判封建影响和孔孟之道。她们觉得，"文化大革命"以前她们有工作，但是工作和家庭的负担都很重，而且感觉男工有一点看不起女工，觉得女工是排第二的，不是跟男工平等的。那个时候有一些工作男工可以做而不允许女工做，所以有一点歧视她们，女工的能力不能真正地发挥出来。后来在其他部门，女工越来越多。她们说，现在工厂所有的女工都团结起来，跟红色娘子军似的，而男工起洪常青（《红色娘子军》中的人物，为娘子军连党代表——编者注）的作用。她们主要参加一些修理机床的工作，这在最初是不被允许的，后来她们开始慢慢学习，而且她们说她们有权利也有能力修理机床，所以掌握了修理技术。女工们觉得建立"三八班"以后，她们的自信心越来越强。每周二和周四，一些女工一起阅读《红旗》杂志和《人民日报》的文章，提高阶级斗争觉悟和文化水平，因为那个时候一般工人的教育水平还不太高，对她们来说也是一个体现男女平等的机会。我们觉得很有意思，喜欢听她们谈话，尤其是我们女留学生非常感动，因为特别在西德，那个时候女工还非常少，而我们发现这个工厂很强调女工的作用。我们觉得一个非常好的事情，是女工参加工作以后，具有强烈的自我意识和自信心，这对女人来说非常好。我觉得女人参加工作，对个人来说也是很好的事情，有机会全面发展她的个性。而且工厂也给她们的子女安排了托儿所、幼儿园，有助于减轻女工的家务负担。

在离开二七厂之前，北大的师生和工人一起，在工人俱乐部参加了一场晚会，也是告别会，表演了很多节目。我记得很清楚，有一个节目是很多工人一起合唱一些中国的歌,最后一首歌是《国际歌》,唱《国际歌》时老工人也参加唱,留学生非常感动,因为这首歌的国际性非常强。还有一个节目是工人说相声,因为我们第一次听相声,过去不知道相声是什么,所以北大的老师给我们介绍说,这是老百姓喜欢的一种艺术形式,是两个人用对话的方式来表演。其实那时我们的汉语听力还差一点,但是我们听工人说相声,觉得很有意思。我们看报纸、参加讨论会的时候,大家都支持"批林批孔"运动,但是工人用相声的语言和形式,来影射"批林批孔"运动。最后,我们有几个德国同学,包括我在内,还有法国的同学和张寄谦老师,都出来唱意大利的革命歌曲《赤旗》(*Bandiera Rossa*),歌曲开始是"人民前进 Avanti Popolo",我们这个小组一起唱这个歌,大家都很高兴。

回北大以后,我们就开始写作业。我写了关于太平天国运动的一篇小论文。在工厂开门办学期间,我看了一些关于太平天国运动的史料,主要是自学。因为学习历史,我们很有兴趣看一些原始资料,所以北大历史系专门给留学生安排了一个读19世纪历史文献的课。记得当时我们主要看了洋务运动的一些档案资料。张寄谦老师带领我们阅读19世纪的史料,帮助我们理解，为我后来的近代史研究打下很好的基础。此外，我还写了一篇"关于顾颉刚学术思想"的小论文。在我们班的学习小组，也谈到"批林批孔"运动，特别谈到西汉时期儒家和法家之间的斗争，也谈到法家在中国历史上的作用。

在这些课上，我们也有比较热烈的讨论，例如，讨论法西斯主义和帝国主义，以及谈到一些社会主义国家现在变成修正主义国家的问题。当时历史系还组织了一些讨论会，其中谈到辽宁朝阳农学院的经验，这是表现教育革命的一个新的内容，口号是"向朝阳学习"，是1974年12月2日在《人民日报》上看到的。报道说，为什么要教育知识分子呢？就是要提高他们的觉悟，应该为生产服务，为经济建设服务，因此农大毕业后，学生当农民是一个好的选择。那个时候也是一个真正的讨论，因为我们留学生问了比较多的问题，比如如果是农民知识分子，要不要提高在农村的觉悟？或者也应该改善普遍的教育制度？当时提出的一个口号"培养新式农民"，我们留学生都有一些怀疑。后来听说在历史系对于这个问题也有很多讨论。不单单是留学生，历史系的中国学生也有怀疑，如果学生重新回到农村，怎么可能提高他们的知识水平，特别是关于历史研究方面的知识？有一个中国女学生，她是从云南到北京大学来学习的，非常反对这个新的政策。因为她觉得，她的单位送她到北京大学历史系，她一定要学历史，如果她回到农村，一边学习，一边搞农村的工作，怎么可能更好地提高她关于历史的知识水平？对我们留学生来说，这个讨论是"文化大革命"后期一个比较重要的讨论。而且可以看出来，是两条路线的斗争。一方面强调学生应该跟农民结合，了解农村的情况，他们的觉悟应该和农民的觉悟是类似的。但是另一方面，如果你上大学，不管是北京大学还是别的大学，你一定要提高你的知识水平。怎么能把这两个目标连在一起呢？我个人比较关注这个问题，因为我觉得学习是学生的第一要务。我们也讨论新的宪法，谈到中苏关系，等等。我发现，有一些北大的工农兵大学生，他们的文化水平不高，也不知道某些词的意思和写法，感觉有一些方面不如我们留学生。

在北大学习将近一个学期时，我慢慢地了解到，翦伯赞先生曾经是北大历史系的系主任，在"文化大革命"中被批斗，之后去世了。我希望把研究翦伯赞的学术思想，作为我的硕士论文题目。首先跟我的同屋谈这个想法，但是她不太了解，之后我跟张寄谦老师谈到这个问题。在我离开中国以前，张老师告诉了我一些关于翦伯赞先生在"文化大革命"当中的情况，还介绍了翦伯赞先生的马克思主义历史观在历史研究中的作用，她答应帮忙找一些翦伯赞先生的资料。这些对我的硕士论文写作都有很大的帮助。

当时可能因为北大的情况和语言学院不太一样，规定和管理上不太严格，所以有一些留学生经常出去玩。有一天晚上，北大负责留学生的老师给我们开会，要求留学生应该认真努力学习。10月以后天气变得越来越冷，有一些留学生没办法，就自己买了电暖气。当然，买了电暖气以后，供电是个问题。第二是有一些留学生在房间里跳舞，这个当然不太被允许。第三，有的留学生收到其他大学留学生朋友的邀请，去那边玩而且在那里留宿，学校不赞成这样的行为，如果有谁去，一定要先得到学校的批准。圣诞节时，我们三个留学生一起到天津去玩。那个时候到天津去，还需要提出申请，经过学校批准才可以去。过新年，我们在语言学院有一个晚会，结束以后比较晚，我自己骑自行车回北大。如果现在我从五道口骑车到北京大学，路很宽，两边都有高楼，路上人很多，很热闹。但是那个时候，从五道口的语言学院回北京大学，两旁都是农村的田地，黑漆漆，没有路灯。所以我一个人骑自行车走那条路，也觉得不太舒服，因为完全是我一个人，差不多没有别的人在外面。但是那个时候北京非常安全，北大也很安全，所以我并不感到害怕。

1974年底还有一个小故事。记得是12月14日，我上午进城，只是随便走一走，可能是到了平安里那一带，我发现有一片很大的空地，但是有一群人站在那边。我不知道发生了什么事，所以我也去那边看看。后来才发现是一个工地，可能是刚刚修建地铁，地面有一个洞，有一个孩子不小心掉下去了，所以那些人就围过去帮忙，想办法把孩子救上来。我刚刚到那个地方打听是怎么一回事，一些保卫的人就马上过来，请我跟他们一起走。他们有一个小房子，还有比较传统的火炉，不是一般的暖气。我刚开始的时候不太明白为什么，他们对我很友好，让我坐下，问我是什么人，是干什么的。我当时有北大的学生证，就给他们看我的学生证，告诉他们我是北大历史系的留学生，德国人。保卫人员有两个，其中一个人就走了，另一个人跟我在那边。我跟他随便聊天，交流一下天气怎么样，我从德国来的诸如此类的话题，我们互相交流得还不错。但是我也觉得不太舒服，因为不知道他们为什么不让我走。而且，不知道我犯了什么样的错误。

但是因为他们对我比较友好,所以不是特别害怕。我们两个聊天过了一小时,又过了一小时,我不知道怎么办了。大概两小时以后,第一个人回来了,他说好,你现在可以走了,可以回北大,但是,请把你的照相机给我。因为我有一些照片,我不知道具体照了什么,但是可能他怕我拍地铁工地,这个事在当时是不被允许的。所以,他把我照相机里面的胶卷拿出来,才允许我离开。那时候我才明白,原来到地铁工地,是需要经过批准的。

那个时候,慢慢有一些德国政府的领导人来中国访问,开始是那时教育部的部长 Klaus von Dohnanyi,他带领德国议会的代表团到北京。到达北京以后,他请所有在北京的德国留学生(1974年秋天第二批派遣的德国留学生也已经到了北京)吃饭。他希望了解北大是怎么安排我们的,我们学习的情况怎么样,我们生活的条件怎么样,并问了很多问题,他对中国很有兴趣。我们向他一一介绍了在北大的学习和生活。他觉得中德之间的合作关系还要扩大,应该重新考虑如何改善德国汉学系的情况,如何适应到中国以后遇到的变化。1975年1月,也有德国政治家来访问中国,是基督教社会联盟的领导人史特豪斯(Franz Josef

Strauß），他们的党在巴伐利亚州发展组织并开展活动，在联邦议院与基督教民主联盟组成"德国联盟党"议会党团，毛泽东也接见了他。德国大使馆原本要请留学生参加一些晚会，后来没有请。基督教民主党的主席科尔也曾到中国访问，后来他当选为德国总统。科尔和他夫人来访，在德国大使馆也组织了一个晚会，请留学生参加。史特豪斯来的时候，可能有一些中国方面的人担心安全问题，因为德国留学生大部分都对基督教社会党有怀疑。为什么？因为他们非常强调东德和西德应该统一起来。那个时候，我们也跟北大哲学系的老师谈德国统一的问题。中国老师说，德国将来一定会统一起来。但是我们留学生可能没有一个人会支持这个看法。因为我们都觉得，东德和西德是两个国家，如果不采用军事手段的话，很难实现统一。但是我们都有一点和平的精神，不支持军事的方式。所以，从这个角度讲，我们对史特豪斯有一些怀疑。

北大的秋季学期结束后，留办组织我们留学生去南方旅行，都是采取学习的方式，有柯高老师陪同。这次南方旅行，我们去了广西、湖南和广东的一些地方，给我留下了很深刻的印象。

我们先到了桂林。桂林的风景很好。我们去了独秀峰、七星山、芦笛岩、琥珀山,也到了阳朔。桂林那个时候只有一家可以让外国人住的宾馆,留学生中有两三个德国人参加了这次旅游。晚上在宾馆,我突然听到两个德国男人大声地唱一首德国歌。我非常着急,什么德国人在宾馆唱歌呢?因为那个时候很少能碰到外国人。后来才发现他们是西德公司派来的技术人员。所以很早就能看到,德国和中国的合作交流从70年代就已经慢慢开始了。

之后我们从桂林到了长沙。在那边参观了很多革命遗址,其中包括湖南师范学院,毛泽东曾经在那里读过书。这个学校在中国近代教育中上起过很大的作用。学校原来的房子都在1938年被日军破坏了,现在的校舍是"文化大革命"之后,按照老的样式重新建立的。对我来说很有意思的是,这个师范学院当时在校的女学生比男学生多。一般来说,学生毕业以后,要重新回到他们原来的地方,是国家分配的。我们也看了清水塘,毛泽东和何叔衡出席中国共产党第一次全国代表大会后,于10月在清水塘成立了中国共产党湖南支部。非常有意思的是,介绍也提到了杨开慧。我们去了韶山的毛泽东故居,那儿有一个纪念馆,介绍了毛泽东家里的情况,有他父母的照片,他的大儿子在1950年朝鲜战场牺牲了，一个儿子丢失了，杨开慧也被国民党杀害了。他们不仅给我们介绍毛泽东的事迹，也带我们参观了1958年建立的韶山人民公社。农民住的房子还是传统的老式房屋，但是每一个小村子都有一些政治口号，比如"农业学大寨"这类口号。韶山有一所小学，一所中学，一所高中，总共大概一千多名学生。在长沙，我们发现自行车比北京少得多，出租车差不多没有。在一些地方还没有自来水，大家都用公共厕所，宾馆和饭馆也很少。但是我们发现，已经有一些农民从农村来城里卖水果、蔬菜。所以慢慢可以看出来，他们开始有自己的一些经济收入。也有一些年轻人看到我们很好奇，就跟我们打听一下，我们是从哪个国家来的之类的问题。所以我们那个时候还是感觉，老百姓对我们都非常友好。在长沙，我们也看了新发掘出土的马王堆汉墓，很有兴趣，因为马王堆汉墓的发现，为研究汉代初期的墓葬制度、手工业和科技的发展，以及长沙的历史、文化和社会生活等方面提供了重要资料。我们都感觉中国有着十分悠久丰富的历史文化。

　　从长沙我们到了广州。先是广州政府革命委员会的代表出面欢迎我们，他特别强调广州和各国人民的友谊。我们在广州也参观了一些革命地区，参观了广州农民运动讲习所，毛泽东曾任所长，周恩来、瞿秋白等曾在此担任教员，讲授有关农民运动的各种课程，为中国革命培养出了一批重要的骨干。我对历史很有兴趣，所以非常认真看他们的展览，听他们介绍讲习所的情况。我们也去看了广州烈士之墓，是1955年建立的。我们还参观了广州市郊区罗岗人民公社，那里水果非常多，都是南方的水果，如荔枝、香蕉、椰子等，这里主要的农产品就是水果。这个公社比较大，一共有14个生产队，五万五千多人。我们也去了一个农民的家里，很有意思，我们可以问很多问题，但是他们的回答很难听懂，因为我们发现他们的学校还没有教普通话，只在广州市的学校教普通话。在离广州很近的地方，我们参观了一家知青茶厂，是国家办的，有知识青年给我们介绍茶厂的情况。他们有一些新机器，一共有两千多名知识青年在那里，茶厂跟人民公社没有关系，是独立的。所以我们发现，除了人民公社以外，还有一些国家办的农场。我们在广州的中山路看到有一张大字报，谈到资产阶级腐朽的危险，也有一些人说它说得不对。在东山路也看到了一张大字报，是一个中学生写的，他要求在教育方面应该把所有的封建社会的因素都铲除掉。我跟其他的留学生一样，觉得当时中国的政治情况不太稳定。

广州这座城市非常热闹，有一些留学生去过香港，觉得广州和香港类似。有一天晚上，我跟一个罗马尼亚的留学生一起在城里散散步。天很早就黑了，街上没有多少灯，但是我们知道坐什么样的公共汽车回宾馆。我们上车以后，发现车开了10分钟，又过了15分钟、20分钟，还没有到我们的宾馆。我们有些着急了，才感觉到这辆公共汽车的方向，好像不是到宾馆去的，而是相反方向的。车越来越远离城里了，外面有越来越多农村的房子。怎么办呢？那个时候我们的汉语还可以，但是广州人说广东话，不说普通话，我们完全听不懂。我们两个人用各种各样的办法，跟一些坐公共汽车的人打听，他们都很友好，先要了解我们的问题是什么，然后慢慢让我们了解，我们的方向不对，应该上相反方向的公共汽车。那好，我们下一站就下车。下来以后才发现，我们是在郊区，天都黑了，街上的人也不太多，而且我们不知道下一辆公共汽车什么时候来，所以我们两个人都有一点害怕。因为我们知道，广东的公共汽车的末班车可能不会到很晚，如果没有车来，那怎么回广州呢？我们一直等啊等，最后真的有一辆车来了，我们赶快上了那辆车，直到回到宾馆，我们才舒了一口气。后来，我们就不太敢随便上公共汽车了。

2月23日回到北京以后，我马上准备离开北京，因为月底要回国。我跟同学、朋友们、德国的专家一一告别。我的计划是坐火车到广州，从广州到香港，在香港稍微看一下之后，从香港到印度的首都新德里，然后再回德国。这一次离开中国，我在中国多了一些中国朋友、同屋、同学，包括留学生的同学在内，还有老师，大家都建立了非常友好的关系。这次离开，还不知道是否有机会再回来。因为那个时候，中国和德国的关系虽然建立了，但是未来的发展情况都不太清楚。

我在北京上了到广州的火车，跟中国人在一个车厢，碰到一个解放军文工团的中年男人，他非常喜欢唱歌，也喜欢给我介绍一些中国的歌曲。所以在火车里非常热闹，他给我唱歌，还我写下来，也问关于德国的情况，我也给他介绍。下了火车之后，他帮我在广州找公共汽车到东方饭店去。这个对我来说，是第一次和一个不是在学校的人交谈，交换看法。第二天到香港去，过边检还是有一些问题，因为我应该把行李放下，自己走过去，我第一次这样做，觉得有一点奇怪。离开广州到香港，是一个新的世界。我以前没有去过香港，到了香港第一天，发现到处都是高楼，汽车多，人多，房子多，是和西方类似的一个城市。我那个时候住在九龙的一个宾馆，那边很热闹，也很嘈杂，和广州的区别太大，感觉非常疲劳。晚上爬到山上，看了全香港的风景，我非常喜欢。那个时候香港是全世界研究中国的中心，书店很多，关于中国方面的书也挺多，我买了一些关于中国历史，特别是近代史方面的书。

3月9日我到了新德里。我为什么到印度去？因为在西方，特别是在西德，一般的报纸报道中国和印度的情况，常常做比较，会提到印度的情况比中国好得多。这两个是亚细亚最大的国家，我自己要去看一看。在印度新德里，我参观了非常有名的泰姬陵，也看到在城市中心，一部分是穷人住，一部分是有钱人住，都是分开隔离的。我发现那里穷人的居住区大得多，很多小孩子没东西吃，边跟着我跑边要钱。还有一件事，我非常不喜欢，而且在德国或在中国，都没有这个习惯。当时我在印度买了一些邮票，我给他们钱，他们一直不喜欢找给我零钱。我慢慢了解到这个情况，离开新德里的时候,我到飞机场,要付飞机场的费用,管理人员也拿着那些零钱,不想还给我。但是因为我那个时候是学生,我的钱也不太多,所以我要求他应该把零钱还给我,最后他还是给了我。我马上登机,已经坐在座位上,突然这个飞机场的管理人员上了飞机找我,原来因为我太着急,忘了拿我的护照。他发现我走了,护照还在呢,所以就过来还给我,我非常高兴,觉得那个人还是不错的。我在新德里的宾馆也碰到一个小偷,他要进来偷我的钱,但是没成功。那一次我在印度其实只待了三天,但是给我的印象很深。我觉得,如果把两个国家做比较,还是中国好。

回德国以后,我继续写关于翦伯赞唯物史观的研究的硕士论文。另外有很多人,包括我的同学、老师、家人,还有一些普通的人,他们都问我,中国是什么样的,希望我给他们介绍一下。所以那个时候,我和很多人谈中国的情况,中国社会的问题,我在中国的经验。我还记得很清楚,在波鸿大学东亚系,他们请我做了一个报告,我还放了一些幻灯片给他们看。一方面,我讲了一些北京和中国的名胜古迹,从天安门开始。另一方面,也谈到城市和农村的情况,男人和女人的情况,特别谈到教育方面和大学的情况,分析传统和现代的一些关系。那时也有一些学校请我做报告，因为那个时候去中国的人很少，关于中国的知识，尤其是当代的知识了解不多，所以大家都有兴趣。那个时候在波鸿大学也有第一批中国留学生，我们也跟他们见了面，交换经验。他们当中有一个女学生，叫杨培英，后来在中国广播电台工作，我们到现在一直保持联系。

这一年多在中国的学习，无论是对专业发展，还

罗梅君和波鸿大学第一批中国留学生合影，左二是杨培英

是对我个人的发展来说，都非常重要。专业知识方面，我学习了许多有关中国近代史的专业知识，提高了汉语水平，增加了对当代中国的了解。因为有很多机会接触中国社会，如开门办学、到外地实习考察，所以这些经历为我了解中国社会打下了一个非常好的基础，有了这个基础，我就可以继续研究中国。所以我决定攻读博士学位。对个人来说，我第一次长时间住在中国，这是和旅游完全不一样的经验。生活居住在那个地方，你慢慢可以跟一些人交朋友，有各个国家的留学生，也有中国学生和老师，还有生活在当地的老百姓，慢慢地就可以了解这个社会。我听一句话或者听一个词，都会有一个感觉和印象。所以中国对我来说，在那个时候已经不是一个抽象的概念，而是很具体的存在。所以我很想将来回到中国继续学习，再去看望那个时候遇到的一些朋友。

第四章
与著名史学家见面与对话

从中国回来以后,我很快完成了硕士论文,1976年10月通过了硕士考试,也在考虑继续攻读博士学位。

我考虑,20世纪中国历史学经历了两次重要变革,一是由传统史学转变为近代史学,二是由近代史学向马克思主义史学过渡,这是社会变革所引发的历史学家对于不同历史观的选择。我应该扩大硕士论文的题目,除了研究翦伯赞的史学观以外,还可以研究几位中国历史学家,分析他们从20年代到40年代如何开始运用历史唯物主义和辩证唯物主义的理论来解释中国历史。我申请了政府奖学金，得到奖学金后就开始为研究做准备。但是我也发现，在德国这样的资料并不多，很多20世纪三四十年代的杂志、报纸都保存在美国的一些大学。所以我也申请到美国的一些图书馆和大学去收集资料。

从1976年底到1977年初，我访问了美国有名的几所大学和图书馆，在那边收集相关资料。第一个是纽约哥伦比亚大学，他们的图书馆有一批杂志。第二个是华盛顿国会图书馆的亚洲部图书馆，那里也有一批资料。然后到斯坦福大学胡佛研究所图书馆，他们保存了大量20世纪三四十年代的报纸。我还记得我每天到图书馆去查阅很多报纸杂志。因为那个时候还没有中国历史学家的目录，我就自己选择要研究的学者，包括翦伯赞、范文澜、何幹之、吕振羽、侯外庐、胡绳，还有陈伯达。我的方法是先收集他们发表的文章和著作，然后从中分析他们的思想与方法的发展过程，他们接受西方唯物主义理论的过程，以及他们如何运用唯物史观来解释中国历史。那个时候，图书馆都把三四十年代的杂志和报纸分别装订在一起，是很大部头的书，每一册都很重。所以我每天要把那些很重的书，从图书馆搬到复印室去，复印之后再还回去。直到那时我才有一个感觉，搞学术研究原来也是需要一些力气的。

在斯坦福大学，我跟学生们住在一个楼。他们有个习惯，比如说 20 个学生住在一个楼，他们自己安排每天的晚饭，所以他们也让我加入，作为留学生和他们在一起，我们学生之间的关系很好。我还访问了一些同样做中国研究的学者，听他们的课，参加他们的讨论会，比如 Chalmers Johnson，他是斯坦福大学研究 20 世纪 30 年代中国历史的教授，我们一起讨论了当代中国的问题。1962 年他出版了 *Peasant Nationalism and Communist Power: The Emergence of Revolutionary China, 1937—1945*（Stanford: Stanford University Press），他的书非常有影响力，后来他对美国新自由主义的政治提出尖锐的批评。除了收集资料以外，我也经常和同学、教授探讨一些问题。1976 年 9 月，毛泽东刚刚去世，所以做中国问题研究的西方汉学家，都比较关心中国的情况，关心中国今后的发展方向是什么。

访问加州大学伯克利分校时，给我印象很深的有两个人，第一位是 John Stewart Service，他曾于 20 世纪三四十年代在中国当外交官，那个时候他就提出美国政府也应该跟共产党谈判，而不是专门依靠国民党，但是遭到美国政府的否定。所以他的情况也不怎么好，一直不能说出这件事情和当时的看法，而且在麦卡锡时代受到了迫害。在70年代初，他把40年代的一些资料、文件都整理出版了，这就是 *Lost Chance in China: The World War II: Despatches of John S. Service*。我因此有机会跟他在伯克利大学见面交谈。还有一位是杜维明，他那个时候已经研究和教授儒家哲学，80年代初成为哈佛大学的教授，90年代我在哈佛大学跟他再次见面，他给我介绍了他进行的关于儒家新解释和儒家道德思想对西方的影响的研究。现在他是北大的人文讲习教授。这些中国通的人物都鼓励我写这方面博士论文的课题。

我到哈佛大学东亚研究中心访问，重要的是到哈佛燕京图书馆查阅和收集资料。在那边我和著名历史学家费正清（John King Fairbank）教授见了面，他是美国最有名的中国问题研究专家，开创了美国的中国近现代史研究领域，同时也是哈佛东亚研究中心创始人，在西方非常有影响力。我也见了戈德曼（Merle Goldman），她是研究中国现代文学的专家。我还见了史华慈（Benjamin Schwartz），他1968年出版的书 *Communism and China: Ideology in Flux* 和我的论文有相关性。我拜访他时，向他介绍了我的课题。他关于中国革命的基本理论是，中国革命有自身特色，跟俄国革命不一样，这个看法也是我的论文的基本出发点。史华慈作为资深研究者，没有任何傲慢的行为，他用非常平等的态度对待博士生。90年代我回到哈佛大学后也经常去拜访他，他办公室的门一直开着，喜欢跟学生和外来的学者交谈。哈佛燕京中心一直以来有一个学术交流的好传统，就是每天中午学者们都一起吃午饭，一边吃饭，一边听一个报告，共同讨论和交流学术问题，我也有机会参加。后来当了教授，我在自由大学汉学教研室中也仿照这个模式，每个星期二一次。总的来说，除了收集资料以外，有机会和美国学者谈论近现代中国研究方面的问题，了解美国学术界，特别是史学界的研究理论和方法，使我收获颇丰。

回到德国时，我带了很多复印资料。我感觉，可能这些资料足够写我的博士论文。因此一回德国，我马上着手整理资料，并开始撰写论文。在写作过程中，我慢慢发现，研究三四十年代的问题和著名历史学家，除了要研究他们关于中国历史的文章和著作，还需要关注他们的政治活动，考虑当时的政治背景，包括抗日战争、国共内战，对他们历史观的形成产生了怎样的影响，以及他们如何接受和发展马克思主义理论和唯物史观的。此外，还要看到这些历史学家有进步的唯物史观，同时也受到了中国传统思想的教育和影响，需要分析他们怎么把传统和当代的一些理论联系在一起，怎样重新解释中国现代的历史发展。

在写博士论文的过程中，柏林自由大学东亚系开始公开招聘助教。那时自由大学是个特殊的大学，第一，因为校址是在西柏林，离西德其他的大学有一点远；第二，受学生运动的影响，教授们的思想和他们的看法与波鸿大学类似，特别是改善并扩大了中国研究的领域，范围不仅仅限于传统汉学，还扩展至中国文学、历史、当代中国政治和中国经济发展的问题，中国和西方在外交、政治、经济等方面的关系。但是因为汉学没有那么多的教授，所以在助教这个层次做了专门研究的分工。而且，当时柏林自由大学的助教是独立的，并不依靠某一位教授。所以，我很希望申请这个位子。那时申请助教的过程跟现在申请教授是类似的，需要做一个公开的学术报告，报告以后有讨论，然后要由一个教授、助教、学生和管理人员组成的委员会决定和通过，最后才由系委员会决定。我准备的一篇报告，是关于1977年刚刚在中国报纸上发生的讨论"新的大跃进"，我就把那个讨论分析一下，也和50年代的"大跃进"进行比较研究。一共有五十多位学生和老师听我的报告并提出问题。除我以外，还有两个人申请，但是委员会一致同意给我助教的位子。当时德国是社会民主党执政，他们有一个比较严格的自1972年以来决定和落实的政策，因为大部分的学生参加了1968年学生运动，属于"左派"，所以当他们申请在大学和中学的工作岗位，或者申请在其他的国家机关工作时，需要公安局检查一下，政府不希望"左派"学生进入国家机关。我后来才知道，他们也检查了我，可能当时不太容易决定，他们就告诉自由大学负责的教授，我曾经参加过波鸿大学的学生运动，但是负责人说，这个没关系，我们主要看她的专业知识和能力，我们还是要聘用她。当然我很高兴能得到助教的位子。所以，我从1978年4月在自由大学东亚研究所开始做汉学助教，由此开启了我在自由大学长达近40年的教学与研究生涯，直到2014年底我从教授的位子上退休。

那时，除了继续写博士论文以外，我于1978年到1979年冬季学期开始给学习汉学的学生讲课，一个礼拜两门课，一门是关于"太平天国革命运动"，另一门是关于"当代中国关于'文化大革命'新的评价"，也看了一些《人民日报》的文章。这些课程都是研讨课,不是讲座课。另外,跟我的同事一起开了一门讲座课"中华人民共和国的历史",我讲政治发展的部分。这门课是本科基础课,每个学生都要上,而且这门课到现在都有。除了关于"中华人民共和国的历史"的课以外,还有几门基础课:中国古代史、中国近代史、中国现代史,都是一、二年级的学生必须上的。从一开始,我讲课的题目就非常广,比我研究的题目广泛得多。除了讲基本课的内容以外,我一般选一个近现代史的课题,比如辛亥革命、国共合作、义和团运动,或者选择一个当代的课题,比如"当代(70年代末)的现代化政策""'文化大革命'的新评价"等,因为我一直在寻找当代中国发展的历史原因和根据。我也扩大了课程内容的范围,比如讲"中国农民起义的历史",或者讲"当代和过去德国人的中国观"。1981年到1982年冬季学期,我第一次开始讲中德关系史,分析近现代各个方面的中德关系。80年代初,也开始讲一些跟我的教授论文有关系的课,比如"中国婚姻、生育和丧葬的风俗习惯的历史""儿童、疾病和身体观""古代中国的妇女社会情况"。在1985年到1986年冬季学期,我第一次开设了中国妇女研究的专门课题。我也非常喜欢利用我研究的项目跟学生们讨论，他们提的意见经常给我启发，让我从多个角度考虑一些问题。

我们在自由大学的助教，那个时候有顾彬（Wolfgang Kubin），他后来是波恩大学的中国文学教授；有 Gerhard Will，他后来当研究员，做国际关系方面的研究；有喻钟烈（Yu Cheung-lieh），他的专业是中国经济；也有 Helmut Franz，他研究中国教育制度，后来是上海大众公司的翻译和顾问。我们共同组织了上面提到的四门基础课。当然我们也有分工，两年四个学期，每个学期讲一门中国古代史、中国近代史、中国现代史、中国当代史的课，包括经济、文学、政治、教育和国际关系等方面。我记得我们是第一次在一所德国大学给学习汉学的学生比较系统地介绍中国历史和当代中国的情况，我们建立了一个新的教学基础，到现在这样系统讲授的情况仍然存在。只是后来有一些变化，教一门课只有一个或者两个老师，还有每个学期讲两门基础课。我们的想法是，在这个基础上，学生们既可以选择研究中国经济、中国政治、中国哲学、中国文学、中国历史等方向。无论他的兴趣在哪里，无论他后来做什么样的研究，或者他的重点是在哪一方面，都应该有一个系统和全面的基础。如果以后研究中国经济,他应该知道孔子、孟子是谁;如果以后研究古代历史,他应该知道当代的中国领导人是谁。我个人一直喜欢讲这些基础课,因为对学生来说是第一次全面认识中国的情况,对于初学者打开眼界很重要。

除此以外,我们也非常强调学习汉学的学生应该有语言方面的基础。开始的时候,教汉语也不太容易。那个时候在柏林,我们也有一些汉语老师,汉学有郭恒钰教授,他是中国人,所以他也非常强调学习现代汉语的重要性。我们很努力地安排一门比较好的语言课,都是教学生现代汉语。大概柏林自由大学是西德第一个比较系统建立现代汉语课的大学。我们讨论并决定所有课程的教学计划,我想这也是学生运动的一个结果,在大学里,教授和助教,还有学生,他们都是平等的。在学校委员会里面,都有学生代表参加讨论,参与一些决定,这方面自由大学做得比较好。那个时候有这样的气氛,我们组织中国研究,是跟波鸿大学类似的,而与其他德国汉学和中国研究的机构不一样。我们自己用两个方法:第一,我们是从一个社会科学研究的角度来分析,不是只有古典汉语这个角度;第二,我们从当代问题出发做研究,也包括教课。

我们谈到一些历史问题时,不光要了解中国近代和当代历史,也要了解中国古代史,也应该问一下,现在中国有什么样的问题,这些问题有什么样的历史根源,在历史上是怎么处理的。

1978年夏天,我们东亚研究所研究汉学和中国问题的一些助教和高年级学生,组织了一个小的旅游团,应该说是一个学习团,一起到中国去。能再一次去中国,我非常高兴,因为我们都研究中国问题,有一定的专业基础,而且大部分人都会说一点汉语。我们坐火车从柏林东站出发,先到莫斯科,在莫斯科要换车,之后从西伯利亚到蒙古,从蒙古再到北京,大概共有7天的路程。在火车里,我们也碰到一些蒙古学生,他们是在俄罗斯列宁格勒(今天的圣彼得堡)学习。他们介绍了一些当代蒙古的情况,我们都很高兴。他们也很高兴有机会跟我们交流,因为他们也学了一些汉语。在蒙古首都乌兰巴托的火车站,因为有两小时的停车时间,我们可以下车,看一下乌兰巴托城市的情况,还跑到一些商店看一看,但是差不多没有什么东西可以买。

到了北京,我们的安排也比较紧张,那个时候只有我和顾彬是第二次到北京,其他人我记得都是第一次到中国。我们住在友谊宾馆,所有活动都由北京的旅行社来安排。我们和学生先去长城、十三陵参观。第二天到清华大学访问,还参观了工厂、医院、幼儿园,然后去北京大学访问。

我最高兴的是重新回到北大和历史系。我记得王学珍老师代表北大党委讲话,他说现在大学的主要任务是教育,是培养专业的人才,提高学术研究水平。他强调从1977年开始是一个过渡,因为改革了招生制度,学生要通过高考的途径进入大学;也强调编写新的教材,多搞学术研究,还有现在重新开始招收硕士研究生。但是"文化大革命"中被破坏的社会学、心理学专业,还没有恢复和建立起来。接待我们的有历史系梁志明老师,他给我们介绍了1949年以来中国历史学的情况,提到历史系当时有10位教授,"文化大革命"以前更多,大部分都是搞中国古代史研究。历史系张寄谦老师和负责留学生的蔡火胜老师也参加了座谈会,我很高兴再一次有机会跟他们见面。

访问北大历史系的时候,我第一次代表自由大学讲话。我准备了一篇简短的讲话稿,是用汉语写的,先介绍了柏林自由大学东亚系的汉学旅行团队成员,有的是教学老师,有的是研究生和本科生;然后介绍

1978年罗梅君和历史系张寄谦(中)、蔡火胜(左)老师在校南门合影

了东亚系汉学教学研究的重点,涉及现代中国的历史、经济、政治、教育、外交政策、文学艺术和语言。我们的代表团也提了一些问题,其中特别问了一下翦伯赞先生的情况。历史系老师介绍说人民出版社现在有计划,重新出版翦伯赞1962年的《中国史纲要》;除此之外,他们也计划给翦伯赞在八宝山办一次特殊的追悼会;另外也强调了翦伯赞在史学理论方面有一些新的看法,很多人同意他的看法,当然也有一些人是反对的。那个时候正在准备恢复中国历史学会。除了张寄谦老师以外,还有德语系的张玉书老师和韩万衡

1978年罗梅君和柏林自由大学汉学代表团访问北京大学，第二排右三为张寄谦老师，第二排右五为张玉书老师

老师也参加了这个讨论会，张玉书那个时候是德语教研室负责人。在北京大学，我也跟留办的柯高老师见了面，我们都很高兴。打倒"四人帮"以后，"文化大革命"结束，我在西柏林的大学曾经做了介绍中国当前形势的报告。这次访问中国，我想亲眼看看"四人帮"被打倒以后中国的现状，同时把理论和实际结合起来。

离开北京，我们先到南京和上海参观。第二次到南京，对我来说很有意思的是，参观太平天国历史博物馆展览时，我发现他们稍微改变了太平天国的历史介绍。我们到复旦大学访问，他们也重点介绍了招生制度的变革和重新开始的学术研究。复旦大学历史系介绍说，他们有中国古代史、近代史、现代史和世界史4个专业，一共有五十多名老师，还有两百多名本科生和研究生。强调在现代史方面不要专门搞路线斗争，也要研究政治、经济、文化的发展。除了毛泽东思想研究，也研究工人运动和近代中国政治思想的历史。还提到了刚刚在天津召开的由社会科学院组织的一个会议，讨论大学未来学术的发展规划。当然，他

1978年罗梅君参观南京太平天国历史博物馆展览

们也谈到一些老的历史学家的平反问题。给我们的感觉是，当时在历史学方面正在发生变化，有一个新的开始。在复旦历史系比较多地谈到"四人帮"，因为王洪文等很多都是上海人，所以仔细给我们讲这方面情况，但是不用"阶级斗争"这个词，而是用"路线斗争"。其中也谈到清官的问题，清官是吴晗在"文化大革命"以前写的一部新编历史剧《海瑞罢官》中提出来的，我们对清官的问题也讨论得比较多。如果把北京大学和复旦大学的讨论会做比较，我觉得"四人帮"对复旦大学的影响似乎还强一点。我们在北京和上海都去了书店，买了一些刚刚出版的新书。

这一次参观访问我们也到了韶山、长沙和广州。在韶山参观了毛泽东的故居，还看了博物馆，我感觉韶山的变化不大，跟1974年、1975年去时的情况差不多。湖南长沙师范学院给我们的介绍，也与1975年有一些类似。只有一个新的不同，他们也提到"四人帮"的影响，特别是在教育方面。在长沙，我们晚上看了晚会，我注意到，有一首歌是特别歌颂华国锋的，也有一些是怀念周恩来总理的歌，中国听众非常受感动。还有一个节目是阿尔巴尼亚的歌舞，以及罗马尼亚的民歌，可以看出来，当时一些西方国家的影响开始多

第四章 与著名史学家见面与对话 | 117

1978年广州的电影院和标语

起来。对我来说，我可以把1975年的长沙和1978年的长沙做比较，1978年的长沙人多了起来，但都很友好，也愿意接触我们，想跟我们谈一下。有一个小姑娘，给我们送了一首很短的民间歌谣。也有年轻的学生来找我，试着跟我们谈话交流，问我们是从哪一个国家来的。当时的一些口号，意思是学习西方发达的技术，克服中国的落后性；比较多地强调要继续学习，改善教学制度。口号不仅专门提到一些政治的情况，也提到一些具体生活方面的改善。在广州，我们去了农民运动讲习所。我很高兴的是，第一次有机会看到佛山的祖庙,这座庙历史悠久,最初是宋代修建的,明朝又新建了,以后经过多次修整。我们也很喜欢在街上散步,只是四处看看,以便了解城市和它的发展。

关于这次旅行,我还想补充一个小故事,我在北京的时候,晚上也去看了蔡思克教授,到他在北大燕东园的家里,我们聊天和下围棋,因为他是我的围棋老师。我们谈了很长时间,已经10点多了,当时在北京算是非常晚了。我走路到中关村的公共汽车站,路上很黑,路灯很少,还是跟1974年、1975年时差不多。我等了半小时,或者40分钟,发现可能太晚,没有公共汽车了。没办法,只好走路回到友谊宾馆了。我认识那条路,就开始一直往前走。走了一会儿,我发现又有两个人从后面赶上来,他们是非洲来的学生,骑着自行车,他们看我一个人走路,就停下来,用汉语打听一下是怎么回事,是否需要帮忙。我非常高兴,告诉他们,我想回到友谊宾馆,可是没有公共汽车了,现在走路可能需要一小时。他们正巧也走这个方向,马上说,如果你愿意,可以坐在我的自行车后座上,我们可以送你到友谊宾馆。哎呀,当然同意!所以那个晚上,是非洲来的两个留学生帮助我回到了友谊宾馆,我很高兴。

还有一个小故事。我们的代表团当中，除了汉学的学生和老师以外，还有一位女同事不是东亚研究所的，她是自由大学研究俄国文学的助教。她的经历有些不一般，她是40年代初在哈尔滨出生的，母亲是俄国人，父亲是德国人，在德国一所学校任教。她父亲1945年以后被抓了，再也没有回来，于是母亲带着她和妹妹在1952年离开中国回到了德国。这一次她想跟我们一起到中国，希望去哈尔滨看看她的故乡。中国旅行社特别给她安排两天到哈尔滨去。但是她不会说汉语，她说俄语差不多跟母语一样，因为40年代哈尔滨的俄国人非常多。到了哈尔滨，她发现这个城市变化不算太大，有一个变化是，俄国人差不多没有了。她在街上碰到一位俄国老年人，跟她稍微谈一谈，就找到了她们家原来的老房子，现在有中国人住在那边，她走到门口，那些中国的老百姓就请她进来，并且欢迎她看那所老房子。看到她小时玩耍的房间，她觉得差不多没有变化，所以非常感动，感觉像是再回了一次家。

我们的代表团转道香港回到德国。回德国以后，我们发现，这一次我们收集的资料很多，其中介绍当代中国情况的信息是很宝贵的，我们决定把所有的笔记进行整理，将我们的经验写出来，后结集成书，在德国出版了，书名是 *Chinas Weg aus der Isolation. Protokolle eines Umbruchs*（《中国驶离与外界隔绝之路——改革的纪录》）。那时在德国，比较系统地介绍中国当代社会情况的书很少。那本书的出版是我们集体的努力，也反映了当时的东亚研究所合作研究的良好氛围。1978年我们汉学的老师和其他的同事们也出版了一本论文集，书名是 *China unter neuer Führung*（《中国在新的领导下》），分析打倒"四人帮"以后，中国在各个方面的新发展。我撰写的关于历史学界新变化的论文收入其中，谈到1978年黎澍、林甘泉等人批判"四人帮"的思想和他们的理论基础。

在我继续教课和写作博士论文的过程中，我觉得应该想办法再到中国去学习和收集资料，也希望有机会拜访我研究的历史学家，以补充博士论文。另外，我要收集关于当代历史学界发展和改革的资料，想多了解学界关于新的理论和方法的一些讨论。所以我申请了DAAD的奖学金，向自由大学请假并获得批准。1980年4月到8月，我再次回到了北京大学。

这一次到北京之前，我先到了香港。在香港，我参观了一些中国研究机构，跟一位研究中国京剧的德国人见了面，也认识了她的丈夫。她丈夫熟谙中国传统文化，他按照德文的发音，给我取了一个好听的中文名字——罗梅君，这个名字一直使用到现在。另外在香港，我也认识了一些研究中国问题的人，有人给我介绍了著名作家、香港浸会大学文学院徐訏教授，徐教授又给我介绍了他的亲戚、北京大学历史系世界史专家张芝联教授，之后我到北大，张芝联教授也算是我的老师，他是民主党派比较重要的代表，认识很多学者，不但帮我找资料，也帮我跟一些学者联系，总之对我的帮助非常大。

第三次在北大的学习生活，对我的学习研究产生了重要影响。首先，因为那时有机会跟三位中国研究生一起，每个礼拜上陈庆华教授的中国近代史课，对我帮助很大。课上我们讨论洋务运动，还谈了历史学的情况，也谈到当代世界的发展，如修正主义和资本主义的问题。我也到陈庆华教授家里去参观他的藏书，同时向陈庆华教授介绍了我博士论文的内容，也就一些结论征求了他的意见。他非常强调哲学的目的不是为政治服务，这个要重点考虑。借此机会，我的汉语语言能力有了进一步提高，也更多地了解了中国近代史研究的情况。其次，因为和三位研究生在一起学习，所以我们四个人经常一起讨论近代史方面的一些问题，收获颇丰。其中有一位研究生，他毕业后留在北京大学历史系工作，但是很早就去世了。另外，到了北大，历史系是我的单位，所以我试着在历史系的资料室看一些近代史档案资料，但是一直没有成功，因为那时还没有对外国人开放。他们说，如果有某些杂志我在北大图书馆找不到，他们可以帮忙。在北京大学图书馆，我又找到一些很重要的历史学家的资料，补充了我的研究。北京大学的很多老师也帮我忙，跟历史系张传玺老师谈到了翦伯赞先生的研究，他特别给我介绍了翦伯赞传记的编纂情况。除了补充我的博士论文以外，我的研究项目还包括当代历史学的恢复情况，还有重新考虑关于近代史研究的一些问题。北大留办也帮我忙，到西安、成都、重庆、武汉的大学，跟那里的历史系教授和老师们讨论座谈。

让我最感到幸运和高兴的是，1980年我有机会访问许多著名的学者，其中包括我博士论文中研究的学者。在访问之前，我一般先给他们写信，给侯外庐教授、胡绳教授和李泽厚，都写了信，首先简单地介绍我自己，再提出一些问题，希望向他们请教和讨论。例如，两次去拜访了顾颉刚先生，我还记得他穿了比

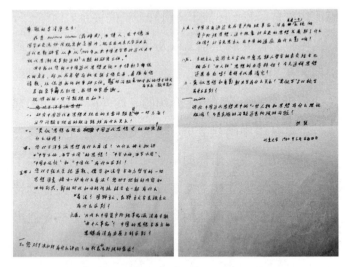

1980年罗梅君给李泽厚先生信的草稿

较传统的衣服,都是白色的中式服装。我去拜访他,碰到一个很大的问题,因为他是湖南人,口音非常重,我需要10分钟甚至20分钟,才能慢慢理解他所说的话。我印象最深的是,我想听到他作为一个历史学家怎么评价"文化大革命"。他说,历史是一个从治到乱,从乱到治的过程。所以看"文化大革命",是一个大乱,他希望从现在开始有一个比较长期的治的时代。我觉得这个思想还是受中国传统历史学思想的影响。当然他提到治的问题,表示希望将来社会政治方面能够比较稳定。我们还谈了资料和理论的关系。

我也和侯外庐先生,以及另外两位社科院历史研究所的历史学家见了不止一次面。跟侯外庐先生见面是北大历史系张芝联先生介绍的。侯外庐先生当时74岁,主要从事中国社会史、思想史方面的研究。我先给他们介绍了我关于他的早期著作的研究情况,除了研究分析侯外庐先生的文章以外,还要写一些他的传记。所以我们一边谈他的传记,他一边做补充。他当然在"文化大革命"中受到冲击,因为他和陈伯达的历史观完全不一样,说陈伯达1949年以前已经把马克思主义和历史科学统一了起来,这种说法太简单化了。侯外庐先生还介绍,以前他跟翦伯赞住的房子在一起,但是交往不多,因为在学术方面有不同的看法,比如说关于亚细亚生产方式的看法不一样。他对我非常耐心和友好,也看了我写的博士论文中关于他的历史观的部分,给我解释他的理论和历史观点,让我更好地理解他的思想。

此外,我还访问了胡绳先生。他告诉我,在"文化大革命"的时候,从1969年到1973年,他曾被遣送到石家庄的一所干校劳动改造。1978年以来,他一本非常有名的著作《帝国主义与中国政治》再次出版。

第四章 与著名史学家见面与对话 | 125

1985年罗梅君与胡绳先生

我也向他请教,介绍我写的关于他的历史解释的分析,他也给我介绍了他的学术生活和学术理论与方法。我给他看了我收集的关于他的著作和论文的书目,他看后笑了,说有一些你提到的论文和文章我差不多已经都忘了,也不记得写过。他也给我讲他的学术经历和思想,对我理解20世纪三四十年代的中国历史学的发展很有帮助。1985年他任中国社会科学院的院长,社会科学院邀请我参加关于孙中山的会研讨,我于是再次跟他见了面。

也有人帮我跟吕振羽教授联系,他也同意跟我见面,但是当时他已身患重病,不久就去世了。吕先生的家属请我去八宝山参加他的追悼会,我去参加了,向他的家属表示哀悼,我也非常悲痛。从1962年以来,以及在"文化大革命"当中,吕先生都受到了严重的迫害,然而刚刚恢复了名誉就去世了,很悲惨也很可惜。后来,20世纪90年代,我认识了吕先生的儿子,他在第一历史档案馆做研究。

我也跟从事中国近代思想史研究的学者李泽厚见了面。和李泽厚先生特别谈到政治和历史学的关系,他提出革命性和科学性的统一,提出不要搞盲目的排外主义。但是另一方面,也不能说外国的思想都是好的,一定要把外来的东西中国化,民族性和国际性不能作为一个矛盾。

我还见到了中华书局的副总编辑李侃和马克思主义历史学家、北京师范大学历史学系龚书铎教授。我请教他们对于现在的历史学有什么样的不同意见。他们说,现在可以分为三个看法:第一个看法是要支持考证研究；第二个看法是为学术而学术，跟考证实际上连在一起；第三个看法是要坚持实事求是的思想。龚书铎教授也强调古为今用，说到古为今用的原则，不同的人有不同的看法。他也强调过去说近代史三个高潮，第一次革命高潮是太平天国运动，第二次高潮是戊戌变法和义和团运动，第三次高潮是辛亥革命。现在有人也提出两个高潮，对他们来说义和团运动不是一个革命高潮。

在中国社会科学院近代史研究所，我和丁守和、杜文棠两位学者谈了一下，丁守和是近代史所研究员，当时任《近代史研究》主编，杜文棠在社会科学院研究德国史。我们谈到历史学的主要任务是什么，如何把学术性放在第一位，也谈到领导和群众的武装斗争，还有古为今用的原则，谈了我们各自的看法。

有一天，我突然碰到一位姓张的老师，他曾于1978年在德国海德堡大学学习哲学，现在北大哲学系教授西方哲学，他上课时也给中国学生介绍法兰克福学派。他还给我介绍了北大老一辈学者熊伟教授，30年代曾在柏林大学学习，也在东方语言学院教汉语课，所以我知道他的名字。还有人给我介绍著名的马克思主义哲学家、北大的冯定教授。我了解他对于历史的一些观点,他的家住在燕南园,我去拜访他,在他家的小院子里喝茶。他给我讲60年代初哲学界当中一些热烈和重要的讨论,如关于怎么理解马克思主义。1964年,冯定写了一篇关于《共产主义人生观》的文章,讨论人的尊重及道德观,受到批判,这个讨论是"文化大革命"的一个思想准备,冯定成为当时的一个重要代表。"文化大革命"中,冯定被划为反革命修正主义分子,受到迫害,80年代那时刚刚恢复了名誉。在他的家里我也认识了冯定教授的助教张文儒,他也是马克思主义哲学的专家。

参观访问西南师范学院的时候,我与现代史专家杨光彦先生谈了当代历史学的情况。在武汉大学,我和王承仁、吴剑杰也见了面,吴剑杰是范文澜的学生。我也请教他们一些现代史和近代史的问题。我也去了西北大学近代史教研室和四川大学中国近代史教研室,还跟翦伯赞的学生赵清见了面。很多历史学家都强调,要恢复历史的本来面目,坚持科学性和学术性是第一位,这也是胡乔木那个时候说的话。

总的来说,有机会访问这些历史学家和大学的历史系,向他们请教历史学理论与方法的问题,就是为了更好地了解当代中国历史学界的变化过程,以及如何评价中国近代史的主要人物和历史事件,更好地理解中国学者如何分析历史。我每次都把我的博士论文介绍给他们,然后认真听取这些著名学者的分析和意见。有些当时听不懂,我就采取录音的方式,回北大以后再反复听录音,也有一些中国学生帮助我。我发现,所有的大学都开始重新考虑如何评价中国近代史的问题,有的思考得比较深刻,有的刚刚开始考虑,反思的过程在不同的大学都不一样。80年代有机会和许多著名史学家面对面地交谈,的确让我受益匪浅。

80年代北大邀请了几位国际知名学者开讲座,其中英国著名史学家E. P. Thompson已被邀请在历史系做演讲,我也参加了他的讲座。我那个时候也认识了舒衡哲(Vera Schwarcz),她做口述史,主要是访谈当年曾参加"五四"运动的学者,著有 *The Chinese enlightenment: Intellectuals and the legacy of the May Fourth Movement 1919*(《中国启蒙运动:知识分子与五四遗产》)一书。在北大,我也碰到来自东德的访问代表团,有三四个人,他们要重新恢复东德和中国的学术交流关系。

1980年,我还住在北大南门旁边的25号楼,有一个区别,就是我一个人住一间房子,因为我算研究

1980年访问北大历史系,和张芝联(前左一)、张寄谦(前右一)等教授及英国著名历史学家 E. P. Thompson 教授(前中)见面。

生了。可以看到北大的气氛与1975年和1978年相比,变化很大。新招的学生非常多,可能他们的年纪比我们略微大一点,但是他们知识面比较广,而且学习很努力。还有一个变化,北大历史系的管理部门已经从36号楼搬到二院,很多活动是中国人和留学生在一起参加,留学生可以上给中国学生开的课。除此以外,还有一些新的活动，比如在当时大饭厅的跳舞活动，那么多学生都来参加，我们留学生和研究生也能参加。一般是古典的，但一个人自由跳也可以，跳舞对学生来说算运动类的活动。中外学生在一起，可以有更多的机会交流，对我来说很有意思的是，大家讨论怎么看待"文化大革命"。我也感到中国人对西方文化更加开放了。

那时我开始一个人旅行，有一个好处是，我可以接触很多中国社会的老百姓，跟很多人见面谈话，而不是大学里的人。我还记得非常清楚，我从重庆到武汉坐船的时候，碰到一个出差的男人，是知识分子，但不是大学里面的，我们也谈了很多。他特别强调周恩来在"文化大革命"中的作用，而且对周恩来的评价非常高。

1980年，中国刚刚把改革开放的政策落实。比如说5月9日，在清华大学老师和学生们都参加一个报告会，是听邓小平关于改革开放政策的报告。看得出来，在我访问的大学和机关，新的政策已经开始在学校落实。6月中国人民大学的老师徐崇文在北大做了一个报告，谈马克思主义要补充一些西方哲学的因素，要把马克思主义作为哲学体系，和西方哲学因素结合在一起。从政治、社会、意识形态各个方面可以看出，中国正在经历从"文化大革命"时期到改革开放时期的转变。在北京和去外地拜访一些学者，给我留下了很深刻的印象，因为经常会听到和看到一些新的东西，一些需要我思考其背后意义的事情。中国社会变成了一个交互式调查的地方。

当然有很多人跟我谈"文化大革命"的事情，包括在北大。后来我自己收集了一些资料，一直没有发表，我愿意了解一下，从什么时候开始，一些人对"文化大革命"产生了怀疑。因为很多我认识的人，在60年代都支持"文化大革命"。有一批知识分子，他们也把"文化大革命"看作是男女平等，穷人、富人平等的一个运动。听到"文化大革命"的事越多，我愈发地产生了疑问：当时为什么没有人反对？于是我问了他们，为什么没有反对"文化大革命"的一些活动。他们回答说没有可能性，而且，当时很少有人认为"文化大革命"是错的，大家都认为"文化大革命"是对的。2016年，我在柏林参加过两个讨论会，讨论"文化大革命"对现在的影响及如何评价"文化大革命"等。有德国汉学家参加，也有中国学者参加。一个讨论的结果是，不可能再发生这样的"文化大革命"

了。但是，他们也说，如果社会贫富差距过大，很可能会产生一些社会方面的问题。有一名德国记者，他把"文化大革命"与纳粹等同看待，这个观点我不能同意，因为纳粹对犹太人进行了种族大屠杀。

20世纪70年代末、80年代初，我也开始参加德国和欧洲的一些汉学会的组织，一个是"德国亚细亚学会"（Deutsche Gesellschaft für Asienkunde），把所有搞当代亚细亚研究的学者，包括研究现当代中国问题的学者组织起来。这个学会是当时德国最重要的、最具代表性的关于当代中国研究的学术组织，我也是会员之一。学会每年召开会议、出版杂志，我第一次做学术报告就是在这个学会，报告题目是关于中国共产党20世纪三四十年代的一些问题研究。1981年，在他们的杂志上也发表了关于"当代中国历史学的情况和变化"主题的论文。我后来经常参加这些会议，做报告。2015年，我做了一个"关于中国研究在德国发展与特色"的总体性报告，很受欢迎，也被发表在学会的刊物上。

1976年，我第一次参加了欧洲汉学会（European Association for Chinese Studies）在巴黎召开的会议。欧洲汉学会是50年代建立的，有一个委员会，由各个国家派人出任。学会每两年开一次会,一般在8月或者9月初,分别在不同的国家召开。我参加这个会议时还是博士生。刚一开会,就有消息说毛泽东去世了,与会的都是汉学家,听到这个消息大家都有一点着急,也有一些人哭了,这给我留下了很深的印象。后来我也参加了欧洲汉学会在意大利、瑞士、英国剑桥举办的汉学年会。我清楚地记得,和所有会员一起在剑桥大学的一个地方吃晚饭,那个时候我还不太清楚英国的习惯,吃晚饭前大家要起立,开始唱歌颂英国女王的歌,这对我们德国人来说完全是新奇的,当时我跟李约瑟(Joseph Needham)先生坐在一起,他也站起来了,但是他带有一点批评性地开玩笑说:"你看,这是我们的习惯。"欧洲汉学界搞的汉学研究会有一个作用就是,那个时候西欧和东欧的学者几乎没有机会一起开会,只有通过这个途径大家能够在一起。通过欧洲汉学会开会的历史,看每一次会议出版的手册、会议的报告,我们从中可以看出欧洲汉学的发展。

1980年底,我在波鸿大学完成了博士论文的答辩,获得了博士学位。我的指导教授格林(Tilemann Grimm)那时已经离开了波鸿大学,被聘到蒂宾根大学汉学系,论文答辩的时候他回到波鸿大学。第二位指导教授是 Bodo Wiethoff。当时对我的论文有书面评价，也有辩论。因为我完全从中国历史学家在 20 世纪三四十年代的论著出发，展开分析和得出结论，不是从一个批判历史唯物主义的观点来分析，不是从"欧洲中心观"出发来分析和评价，所以有一位教授觉得我的分析与研究带有一些历史唯物主义的色彩。因为当时是"冷战"时期，很强调意识形态，历史唯物主义观点一般会受到批判。

1982 年，德国威斯巴登奥托·哈拉索维茨（Otto Harrassowitz）出版社出版了我的博士论文，并在 1997 年，由山东教育出版社出版了孙立新翻译的中文版《政治与科学之间的历史编纂——30 和 40 年代中国马克思主义历史学的形成》。孙立新是德国史和德中关系史专家，他在德国获得了博士学位，我是他的博士论文评议人，也是博士生导师之一，以后我们一直保持联系和学术上的合作。他现在是北京师范大学教授，曾邀请我在北师大做报告，我在自由大学也帮助他的博士生。我在论文的前言中，特别感谢了孙立新，也特别感谢了我的中国老师和朋友，因为他们在我 1980 年到中国进行学术访问期间，以各种各样的方式帮助过我。在我多年研读许多著名历史学家的论著之后，又有幸认识了侯外庐和胡绳教授，在与两位学者进行有趣的交谈中，我也有机会得以澄清某些涉及他们生平的尚未解决的问题。此外还拜访了顾颉刚先生，以及龚书铎、李泽厚、丁守和等在历史学和近代史研究上造诣深厚的多位学者，这使我感到特别幸运，也使我的研究得以顺利完成。

早在1980年4月我到达北大时，就曾和王学珍老师见了面，他当时是北大的教务长。自由大学教授汉学的郭恒钰教授，老家在山东，在台湾长大，50年代在德国学习，60年代后在自由大学教书，后来评上了教授，研究30年代国共两党的关系。他跟社会科学院近代史所的学者有联系。在我离开德国以前，我们就谈到了很希望自由大学和北京大学能建立一些合作关系，郭恒钰是自由大学方面积极支持这个想法的教授。在我的档案里有一封信，是郭恒钰教授1980年4月15日写给我们学校校长的，而且他在信里提出来，要跟北京大学搞合作研究。我还记得我第一次提到两个学校合作的可能性，一个是跟郭恒钰教授，同时也跟自由大学领导人谈这个事情，还有跟北京大学的王学珍老师谈了这个想法。除此以外，也跟中国在德国的大使提到这个合作的想法，他们都表示非常支持，当然我们都很高兴。所以，80年代初已经初步谈到如何开展自由大学和北京大学两校合作交流的问题。之后，郭恒钰教授提出一个两校初步合作的合同稿，我们希望交流合作首先从两个方向开始，一个是汉学研究，一个是德语教学。关于自由大学和北京大学的合作，北大德语系的老师们也非常愿意，他们要跟自由大学德语系的同事们交换和合作，重新开始翻译一些德国作家的小说，也希望他们的老师和博士生能到自由大学进修。

8月5日离开北大之前，我再次见到王学珍老师，和他谈起北大和自由大学的协议。除了两校交流的协议以外，我们也谈到一些具体的合作计划，例如，谈到郭恒钰和张寄谦一起出版一本《中德关系史》的书，请一些中国和德国学者参加，围绕这个题目写一篇文章。另一方面，以自由大学汉学教研室和北大德语教研室为主干交换学者，例如，每年自由大学有几个年轻学者（包括博士生在内）到北大做研究；北京大学的德语教师到自由大学进修和搞研究，这个是一部分。除此以外，我们也决定请一些北大人文社会科学的教授们在我们汉学教学计划中授课。我们还同意，在开始的第一段时间，大部分的旅费和生活费用，还是由自由大学支付。可以说这个协议的构想对我们将来开展学术研究和合作，是一个非常好的基础。我们也希望自由大学可以和北大周培源校长谈这个问题，也要跟两个国家的教育部谈。1980年8月，已经讨论要签署自由大学和北京大学的合作交流协议，我在8月初也等自由大学的校长来访问，可是后来访问没有落实，直到1981年4月，才有自由大学代表团到北大来签署合作交流协议。这是一所西德大学和一所中国大学首次签署的协议。

第五章
见证改革开放

1981年,第一个柏林自由大学的代表团到达北京大学,那时两校的校长签署了第一份正式的合作交流协议。主要内容是:(1)自由大学汉学家包括博士生在内到北大收集资料,从事相关研究;(2)北大德文系的老师到自由大学进修,从事相关研究;(3)北大的学者到自由大学汉学教研室授课。北大德语教研室的赵登荣老师可能是第二批来的,之前还有两个女老师,一位是包智星,是1981年到柏林的,她们都至少待了一个学期或两个学期。我们的校长也是研究德国文学的专家,就请她们吃饭,我也参加了。

两校协议签署之后,有一批非常有名的北京大学教授到自由大学给学习汉学的学生讲课。第一位就是经济系陈振汉教授,他是1981年10月冬季学期到的,给学汉学的学生教中国经济史课,他用英语讲课,学生们非常喜欢。他和夫人一起来到柏林,一共待了两个学期。第二位是政治系的赵宝煦教授,他于1983年冬季学期到1984年7月开办讲座,除了给我们学汉学

1982年陈振汉夫妇(前排左一、左二)和自由大学汉学的同事合影

第五章　见证改革开放 | 141

1984年赵宝煦教授在自由大学和学生在一起

的学生讲当代中国政治情况外,也涉及改革开放以来新的政治方向的变化。他讲课用中文,一、二年级的学生听不懂,所以每一次都有人当翻译,我也当过翻译。我们觉得他讲得非常有意思,可以使我们对于当代中国政治及政策多一些了解。1985年,我们把他的讲座稿刊登在《柏林中国研究》第8期,题目是《关于当代中华人民共和国政治的讲座》。第三位是中文系的叶蜚声教授,他也来了两个学期,在我们这里讲中国文学方面的课。他们三位都很受欢迎,对我个人来

1985年叶蜚声教授和自由大学汉学的同事及学生合影,左一为余德美(Dagmar Yu-Dembski),右一为柯兰君(Bettina Gransow)

说,这个也很重要。那个时候在德国的中国学者还很少,我一方面帮助他们习惯在柏林的生活,另一方面他们也在学术研究上帮助我。我们教汉学的老师们也跟北大派到自由大学的德文教研室的老师有密切的联系,我还清楚记得,有一位老师给我们汉学的老师们教太极拳,就在我们研究所的小院子里。那里原来是一座重要的私人别墅,地址是Podbielskiallee 42,后来我们才知道,20世纪40年代的Podbielskiallee 62就在附近,是中国大使馆的军事部。

1982年4月,北京大学第一个代表团到自由大学访问,由张龙翔校长率领,自由大学校长莱玛(Eberhard Lämmert)教授(德文系)接待了他们。那时谈到具体怎么落实这个交换项目,特别是怎么扩大两校的交流,而不仅限于德语和汉学专业方面。北大代表团也到东亚研究所来了,郭恒钰教授介绍了我们的项目,张寄谦教授发言,希望有机会和自由大学合作,强调一定要把研究中德关系史的项目搞起来。王学珍发言,强调两个学校的合作是中德文化交流当中一个重要的部分;而且从北大校领导的角度来说,他们

1982年北京大学校长张龙翔(前排中)、副校长王学珍(前排左二)率代表团和自由大学郭恒钰教授(前排右二)及同事们合影

都觉得这样的合作是非常重要的,非常感谢郭恒钰教授,他提到所有从北大到自由大学来的学者,都是郭恒钰教授和汉学的老师们在关心和帮助他们。他和郭恒钰教授都非常同意,两个国家、两个民族之间的理解,与个人之间越来越多的接触关系密切。而且王学珍也强调,如果我们汉学家要在北京大学做研究,收集资料,北大方面会非常支持。德国方面给予很大的支持,比如说柏林州的教育部部长 Wilhelm Kewenig,他也非常支持两校的合作交流。当然那个时候 DAAD 和德国教育部方面的人也找自由大学的人了解两个学校的合作是怎么开展的,因为他们希望其他德国大学也跟中国大学建立合作关系,而我们的合作是一个很好的模式。

那个时候,也有一批中国学者到柏林自由大学。殷叙彝教授,他是中共中央编译局有名的德国历史和德国社会民主党研究专家,于 1984 年到访柏林,所以我们那时就认识了。我陪他参观了德国马克思主义政治家、社会主义哲学家及革命家罗莎·卢森堡(Rosa Luxemburg)的纪念碑。卢森堡 1919 年 1 月 15 日在柏林被捕,右派自由军团的指挥官们对她和她的同志卡尔·李卜克内西(Karl Liebknecht)进行严刑拷打,

第五章　见证改革开放 | 145

1984年殷叙彝教授和罗梅君在罗莎·卢森堡和卡尔·李卜克内西的纪念碑前

最后下令处决他们。卢森堡被士兵用枪托击晕，其尸体被扔到柏林的兰德维希运河。北大历史系研究德国史和纳粹时期历史的杜美教授于1982年来到了自由大学。我帮助他跟德国的学者建立联系，一起访问了自由大学历史系著名的研究法西斯主义的学者Ernst Nolte。张芝联教授也到柏林来了，他受到柏林高级研究院的邀请。我借机和他一起访问了Reinhard Rürup教授，他是柏林工业大学历史系的主任，也是著名杂志 Geschichte und Gesellschaft（《历史与社会》）的主编。后来他们发表了张芝联教授的文章。

从1983年冬季学期开始，我已经有了类似副教授的位子，可以继续在自由大学教课，这是一件幸运的事情，我非常高兴。因为德国没有美国的制度，可以一直留在一个学校，一般来说四五年以后助教教职结束了，就要找新的位子。我了解这个情况，也知道自由大学教授和副教授的位子很少，所以在1982年和1983年时，我经常考虑，要不要找一份学校以外的工作。例如，在一家与中国合作的德国公司工作，这样既保证经济方面的独立性，又可以继续保持和中国的联系。我考虑了很长时间，但是最终决定还是要继续从事学术研究。如果以后真的不能在大学找工作，还可以再走其他的路。副教授位子是6年期限，在这个时间之内要完成教授（博士后）论文，通过答辩，然后才有机会得到一个教授位子。

那时我刚刚开始考虑教授论文的题目，我觉得不应该继续做知识分子和知识分子思想研究的课题，我要离开纯粹思想史的研究，进入实实在在老百姓的历史。而且我对中国从农业社会到工业社会，从旧的社会到新的社会，从清末到民国，以及新中国成立以来的时代变迁很有兴趣。那个时候兴起了社会史研究的热潮，出现了一些新的研究方法，我对这个很有兴趣。另外在历史学当中也出现了一个趋势，即强调从底层而不是从上层，从老百姓的层面，以及从地方层面分析历史的发展。我比较支持这个取向，这个取向的代表人物是 Hans Medick，他是哥廷根马克斯·普朗克历史研究所的研究员，历史学研究方面的专家，专门侧重科学史研究，也比较重视下层社会的历史和社会史。80 年代强调下层社会的历史是历史学界的新动向，差不多是一场运动，和 1968 年学生运动有关。于是我开始进入社会史的新领域。开始的时候，我觉得应该集中于老百姓丧葬问题的研究。因为法国的学者 Philippe Ariès 做了这一方面的研究，1976 年和 1980 年出版了两本有创造性的著作，我很感兴趣。我 1981 年、1982 年和一些中国学者，特别是跟张芝联教授谈了这个问题，他觉得这个题目太狭窄，而且专门搞丧葬的问题也不太合适。我听取他的建议，把题目扩大到生育、婚姻、丧葬三个方面，因为对每一个人来说，无论是老百姓还是上层社会的人，这三个时期都十分重要。这样我就找到并确定了一个比较合适的题目。

有了题目之后，1982 年夏天我再到中国去，这一次是收集教授论文的中文资料，一共待了两个半月。那个时候很多搞中国历史研究的人，都觉得这个题目不是一个真正的历史学题目，因为社会史研究在中国高校的历史系和社科院都不太普遍。开始的时候，也需要搞清楚，这些资料是什么样的。我一方面跟一些历史学家，包括我的老师张寄谦、张芝联还有陈庆华教授商量这些问题，例如，这项研究需要什么样的资料？怎么找到这些资料？我的想法是，论文涉及的时间段不可能太短，包括清末，但是主要从民国时期开始，一直到新中国成立以后，也要做一部分当代社会的调查。我希望观察在近100年的发展过程中，老百姓的生育、婚姻、丧葬生活是怎样发展和变化的。

我首先在北京图书馆，特别是在北京大学图书馆，收集已经发表的一些相关研究著作和文章。但是我发现已有的研究成果不太多。后来张芝联教授告诉我，燕京大学在30年代曾经做了很多社会调查，都是在北京和北京附近河北省的一些村庄，他帮我查到了这些资料的馆藏，可以看这些30年代的宝贵的调查报告，对我有很大的帮助。除了看资料，北大历史系也帮助我开证明，到北京郊区，特别到大兴黄村对老百姓做访谈。为什么要到黄村呢？因为有一位德国女汉学家 Brunhild Körner，她是雷兴（Ferdinand Lessing）的女儿，"二战"以后是柏林民族博物馆的馆长。30年代初，曾经陪他父亲在北京和北京附近搞研究，她个人收集了她的博士论文的资料，尤其是在黄村曾搞了一个妇女调查，她特别重视妇女的情况。所以，从妇女的角度来分析生育、结婚、丧葬的风俗习惯，她的经验对我有很大的启发。我开始收集资料以后，也觉得可以做一个从20世纪30年代到80年代的比较研究，为此我特别好好准备了一下。后来发现，光有黄村的资料还不够，而且资料只集中在农村，不包括城市，所以要扩大收集资料和研究的范围。还有几次是到四季青公社，第一次去有北大历史系的人陪我，但是后来我熟悉路了，就自己骑自行车去。我是跟一个老太太做访谈，她对当地的风俗习惯比较了解，她父亲是中医，所以她也比较了解生孩子要注意什么。此外，我跟一位68岁的男人也谈了很多，他对老北京风俗习惯知道得非常多，特别给我介绍了村子里丧葬的一些风俗。调查的时候，有的是录音，很多是我自己做一些笔记，回到北京大学的宿舍，马上就整理。有的时候也发生一些问题，比如说有的风俗习惯我听不太懂，一些词我就请他们写下来，回来问北大的老师，

罗梅君80年代在北京四季青公社做访谈

他们帮助我更多地解释一下。我对不同年龄段的人进行访谈,有年轻人、中年人和老年人。有人介绍我去首都博物馆,在那里也找到了一些资料。在北大,我也有机会跟著名的历史地理学家侯仁之教授见面。他给我介绍北京市的城市历史,特别介绍一些关于明清时期北京的历史资料,比如他提到《日下旧闻考》,这是清代内容最丰富、考据最翔实的北京史志文献资料集,对于我了解老北京很有帮助。

调查时,我发现了一个很有意思的现象:生育大部分都是女人给我介绍，丧葬大部分都是男人给我介绍，还有一个是婚姻，这方面大家都可以说。在北京的调查，我去了有名的万安公墓和八宝山革命公墓，当时也去了老百姓的墓，后来有机会参加一些扫墓。因为北大国政系赵宝煦教授到柏林来过，所以他和国政系领导人潘国华也帮忙联系海淀地区政府的一些干部，帮助我在一些地方做调查。我利用很多机会提高关于这三个方面的知识，有书籍的知识，有调查的知识，还有跟北京老百姓聊天无意中得到的知识，以及和一些朋友谈到这个问题。

还要提到我那个时候调查的方法。开始的时候，我准备一个单子，把要问的很多问题写下来。但是后来我发现这样不行，第一是问题不容易分得很清楚，第二更重要的是，如果你自己没有先告诉他们，你是谁，你家庭的情况是什么，德国在这一方面的情况和风俗习惯是什么，他们也不敢说。后来我慢慢了解到，调查也应该是一个跟他们交换意见的过程，交换才能够理解，才能够实现双方的平等对话。这样可以很好地互相了解，他们也理解我提问的目的是什么。此外，当时我的分析方法和理论是比较概括的，无论在查阅资料还是在调查中，我可以发现男女存在不同风俗习惯和作用，但是还没有从一个特殊的、女性主义的视角来分析。我曾感受过自己作为女人被男人歧视的情况，特别是后来在德国，碰到了几个大问题以后，我在争取性别平等这方面的觉悟还是比较高的。对中国女性问题和女性研究，因为我的研究涉及比较多，我也比较早就开始关注。在调查中我还慢慢了解到，农村和城市有区别，汉族和满族有区别。我那个时候已经决定，我的研究只集中于北京的习俗，补充一些河北、山东省的例子，但是由于南北方差异太大，南方则完全不考虑。

记得1982年出发到中国以前，我和一个女性朋友计划要坐火车经过苏联、蒙古，在蒙古停一下，从蒙古到北京。那个时候申请蒙古签证，是在东柏林的蒙古大使馆，我们有一点失败了，因为他们不允许我们在蒙古乌兰巴托停留一到两天，这是第一。第二，出发前我们已经买好了火车票，但是一直没有收到中国大使馆的签证，为什么呢？因为刚刚有一些美国学者在中国做了调查，发生了一些问题，所以后来中国教育部不怎么允许外国人做社会调查。怎么办？我把这个情况告诉了北京大学，北京大学领导就向教育部讲了我的情况，说明我是北京大学留学生，搞调查不会出问题。离我出发可能还有几天，我在东亚研究所突然接到王学珍老师亲自打来的电话，他说现在都办好了，你能拿到中国的签证，我非常高兴。用这个例子你可以看出来，那个时候，第一调查很不容易，第二北京大学的老师们，包括蔡老师、柯老师和留办，以及学校的领导和行政管理方面，他们都给了我很多帮助。这一次到北大，我住在了刚刚建成的勺园2号楼，跟柯老师、蔡老师的留学生办公室离得很近，我们经常一起聊天。

1982年利用在中国的时间，我也和朋友一起去旅游。我们去了青岛、泰安、曲阜。这是我第一次到青岛，青岛属于胶州湾，1897年被德国侵占沦为"租借地"，1914年第一次世界大战爆发，日本取代德国占领青岛。我们看了旧日的德国建筑，那个时候青岛还没有太多变化，建筑还是和二三十年代类似，德国式建筑还很多。我看了过去的殖民地司令部，他们的主楼还在，保存得比较好，也看了德国传教士和汉学家卫礼贤（Richard Wilhelm）建立的礼贤中学，当时还在，但是已经变成了一家小手工业的工厂。我们去参观啤酒厂，还看了老的机器，都是1907年左右的。也去了德国建的基督教教堂，那时刚刚重新开放。星期天时，我看到有很多人，包括一些年轻人，都到教堂参加一些仪式。有意思的是，圣母玛利亚的脸好像中国人的脸，也有中国人的眼睛。我们跟教堂的中国牧师谈了谈，他们说还没有跟德国的宗教界建立联系。因为那个时候在青岛的外国人也不多，有很多人问我们是什么人，我们说是德国人，他们表示对德国的印象不错，都觉得德国人在的时候比日本人在的时候要好。听了这个看法，我们自己不太舒服，因为我们知道德国也曾经是一个帝国主义列强，侵占了青岛，并利用军事暴力和政治手段将青岛和胶州湾作为殖民地。在青岛时，青岛博物馆有两位研究员刘善章和赵振玫来看我，他们也参加了我们关于中德关系史研究的项目，想要了解中德关系史研究在德国可以找到的资料。他们给我们介绍，现在的青岛博物馆几乎没有什么资料，大部分被破坏了，仅存在的资料放在第一历史档案馆中。在青岛也能看出来和外国的联系越来越多，书店里可以看到一些外文书、台湾出版的书、翻译西方的书放在专柜上。那时我们发现，也有很多中国人开始去旅游，大部分是出差到青岛的人。8月份天气很好，我们也在海边晒太阳和游泳。

我们到崂山去看了道教的地方，崂山很漂亮，也非常有意思。还到曲阜去看孔子的故乡。在曲阜,我们碰到一个德国来的旅游团,他们是坐火车经过蒙古到北京,后来也到了泰山、曲阜。那时候曲阜没有火车站,我们先到兖州,在兖州坐公共汽车到曲阜。我们住在孔府旧的宾馆,很多四合院,是非常漂亮的老房子,还有很多线装书。在第一个院子里,住着孔子的第73代传人。我们去看孔庙,那时还不是全面开放,有一部分还没有修理。我们到泰安去,是想要爬泰山,那个时候从青岛到泰安坐火车,还需要很长时间。到泰安以后,我们要坐出租车到旅馆,但没有出租车,因为泰安是很小的城市。我的行李太重,没有办法,有一个骑三轮车的人答应帮忙,他把我们的行李放在三轮车上,也让我们坐上去,但是我们不想坐,因为我们觉得这样不行,好像是一个殖民者一样。没办法,我们只好提着行李,自己走到宾馆。第二天早上,我们去爬泰山。原本我们计划要爬到泰山山顶,但是后来发现,一是我们比较累,爬不动了;二是看到也有中国人爬山,他们都带了一些吃的喝的东西,而我们没有。所以我们爬到可能是一半多的地方,就决定要下山了。这件事给我留下很深的记忆,以前很少到小城市去,关于小城市的印象和大城市完全不一样。

还有一个旅行的小故事,我和两个在北京当记者的朋友,我们三个人觉得应该到西藏去看看。那时西藏有一些开放的政策,但得到一个签证仍然很不容易。我们听说在包头那边能得到一个签证,所以决定先到内蒙古的包头去看一看,如果能得到签证,那我们就继续坐飞机到拉萨。如果拿不到,我们就在内蒙古、山西那一带旅行。我们到包头坐的飞机不是一般旅客那样的飞机,好像是一架部队的飞机,因为不是正常的座位,是很小而且在飞机两边的座位,就是军用飞机那种。但是没问题,我们都可以上那架飞机。除了我们以外,还有三四个中国人,人不多,因为直接到包头的人很少。到包头我们发现,没办法得到签证,那里的公安局也不批准了。于是我们就在包头附近旅行,听说离包头比较近有一个非常有名的喇嘛庙,应该很好看的,我们决定要去看一下。我们坐上一辆公共汽车去那边,还不到喇嘛庙,在一个产矿的小城市,这辆公共汽车停了下来,那个司机说,汽车不能继续开到喇嘛庙,让我们下车。现在怎么办?怎么解决?也没有公共汽车回包头了。有人说,你们可以走路到那边,大概不到10公里。我们三个人就决定走路去,因为我们还年轻,一定要去一下。我们开始走路,可能走了一两公里，突然发现有一辆大的旅游车开过来，我们就手拉手拦住了那辆车，发现车上是包头一个专业学校的学生，他们也旅行到喇嘛庙，他们欢迎我们上车。我们很愉快、很高兴地跟他们一起到了那个庙。有一个年纪大的喇嘛给我们介绍，他说现在庙里的喇嘛很少了，"文化大革命"有一些人来打扰，但是总的来说没有大的破坏，只是多年没有修理了。他对我们非常客气，也请我们一起喝茶。因为已经到了中午，我们既没有带喝的也没有带吃的，我想在那边买东西，他们只有一个小商店，没有面包，只有一种饼干，但是那个饼干非常硬，不能吃。也没有水，其他卖的都是罐头，也没有什么东西可以开这个罐头。我们那个时候都没有考虑到旅行要做吃喝的准备，肚子又饿又渴，所以那个喇嘛给我们喝茶，我们很高兴地接受了。我们回包头也是跟那些学生们一起坐旅游车，他们帮了我们大忙。发生这次又渴又饿的情况之后，从那个时候我就决定，以后旅行无论到什么地方去，一定要带一些吃的喝的，不带那不行。

从包头我们又到呼和浩特去，我们在呼和浩特附近草原一个蒙古包住了几天，这个经验对我来说非常好。那是我第一次到草原去，在那里看天空看草原，非常辽阔,可以看得很远很远。夜里的天非常黑,能看到满天的星星,我们非常高兴,我特别喜欢这样的感觉。因为我跟两个记者在一起,所以也有机会参观另外一个蒙古族牧民的家庭。我们访问蒙古族的牧民家庭时,有一个当地旅行社的蒙古语翻译跟我们一起去。我们和这家人交谈,他们非常友好地给我们介绍家里的情况,带我们看他们养的羊,这个经验跟我当时已经有的经验完全不一样,是很新鲜的。当然我们也在呼和浩特听到一些关于"文化大革命"的事情,也更多地了解了"文化大革命"在大城市以外地区的一些影响。

我们三个人从呼和浩特到太原,从太原坐小飞机飞到延安,延安有一个很小的飞机场,而且那时的飞机不多。这是一次非常有意思的旅行。我们看到陕西的农村都是没有城市化、没有机械化的,跟古代中国类似。到了延安,我们很想看共产党革命的中心,我们去看40年代共产党人住的那些窑洞。很有意思的是,毛泽东住的窑洞跟小博物馆类似,还保留了一些当时的生活用品。旁边有一些农民住在窑洞。所以除了参观毛泽东的窑洞以外,我们也有机会跟住在那里的一个老太太聊天。她说自己40年代已经在那个地方住了,共产党是从外地来的,而他们是当地没有文化的农民,那个时候共产党的机构和当地的农民联系不太多,就像两个社会差不多。这个老太太在40年代还是年轻的,也可能不怎么考虑一些政治和革命的问题,她的感觉完全是老百姓的感觉。除了这个以外,我们也参观了一些革命的古迹,如抗日军政大学遗址,还有一些会议的建筑。延安之行使我们深受感动。

从延安坐车到西安,当然这时候我们带了吃的和喝的,因为知道路上没办法买东西。在西安我们也看到了很有意思的地方,一个是参观秦始皇陵,我第一次到西安去看了秦始皇陵,非常壮观。那个时候还可以走得很近,看考古的工作人员,他们非常仔细地从地下挖出来一个个小东西……除此之外,我们也看了半坡遗址,参观了和国民党历史连在一起的一些地方,特别看了1936年蒋介石在西安的住所华清池,发生西安事变那个晚上,东北军的领导人张学良派部下抓了蒋介石。10月9日我从西安飞回北京,然后飞回柏林。

1982年回到德国以后,我开始整理收集的调查资料,写了很多卡片,这些卡片现在还保存着。还要考虑到用什么样的方法,来分析这个题目。我特别想看一看100年以来发生的变化,当然我宁可从一个历史唯物主义的角度来分析这个问题,所以我看了很多理论方面的书。我一边开始写生育的那一部分,一边看理论方面的书,慢慢了解到布迪厄(Pierre Bourdieu)在《一种关于实践的理论》(1972年发表)一书中提出的理论。他是法国著名的人类学家、社会学家和哲学家,曾在北非做调查研究,从历史唯物主义的角度分析了当地老百姓的生活方式,是一位批判理论者。我看了他的书,他把描述生活习俗和怎么解释生活习俗加以区别,我觉得非常好。而且他也强调要看什么,要考虑哪些人以及不同阶层的物质利益。他用实践的概念来解释每一种风俗习惯,认为每一个行为的背后都是一个物质利益的所在,要分析对哪些人和对哪些阶层是特别的。而 Medick 的理论就是解释从农业社会到工业社会发展过程中的家庭经济,也解释文化的概念是什么,社会的概念是什么。因此,我把布迪厄和 Medick 的这些理论解释结合起来,用于分析生育、婚姻、丧葬风俗习惯的变化,展现社会变迁过程,也分析中国下层的老百姓和上层阶级的差异。总的来说,我希望解释中国从19世纪末到20世纪80年代的社会变化与发展。

在整理完北京收集的资料后,特别是更多考虑了研究方法和写作观点以后,我觉得还要补充一些内容,所以1985年我两次到北京,第一次是在3月份。补充论文资料之外,我还被邀请参加了由中国社会科学院近代史研究所在北京附近的河北省涿县召开的关于"孙中山研究会述评"国际学术讨论会,社会科学院院长胡绳和副院长刘大年也参加了会议。当时他们请一些外国专家来参加,我第一次参加这种在中国召开的

1985年罗梅君参加在河北涿县召开的"孙中山研究会述评"国际学术讨论会,与社会科学院院长胡绳(左三)和副院长刘大年(左四)及日本同事合影

国际会议，而且参加近代史研究的学术会议也是第一次。我用中文发言，介绍1945年以前德国学者怎么评价孙中山的思想。会议讨论很热烈，因为那时我参加会议的经验少，如果要听懂会议的讨论，注意力就要高度集中，才能慢慢理解发言人的意思。1986年中华书局出版了这次会议的论文集，包括我的文章。从那个时候起，我跟社会科学院近代史所的学者的联系多起来。后来在那边我也做报告，在他们图书馆查阅资料，也有机会和他们的学者在北京或者在柏林谈学术问题。从2007年以来，他们也请我作为他们英文学术杂志 *Journal of Modern Chinese History* 的编辑委员会的编委。

1985年认识的北大老师们是比较多的。那个时候历史系有一个研究生沙龙，请一些人做报告，谈论各种历史方面的问题，气氛很活跃。那时自由大学和北大两个学校合作"中德关系史研究"的项目刚刚开展，所以我除了搞自己的研究，也跟参加这个项目的老师，特别是张寄谦老师经常联系。郭恒钰教授在德国也做了安排，把中国学者的文章翻译成德文。我们的计划是所有的论文既有德文版也有中文版，德文版在德国出版，中文版在中国出版。那时德国大使馆文化处的负责人是 Hannelore Theodor 博士，她希望请留德或者跟德国有关系的一些中国学者，参加在大使馆的见面会，向中国人更多地介绍一下德国的文化和历史，当时已经有这样的活动。

1985年在北大的时候，我有机会参加三种不一样的婚礼仪式，第一个是由北京市安排的。在一个周末，在北京饭店参加了北京市的一个集体婚礼仪式，一共有50对新人，他们自己申请报名，因为当时参加集体婚礼被看作是一种特殊的荣誉。除了新郎和新娘以外，也有双方的父母参加，这是一个新的集体仪式，国家的目的是把旧的家庭仪式改善一下。第二个也是集体婚礼，是工厂单位安排的。第三个是在北京郊区参加一个家庭婚礼，给我留下了深刻的印象。因为一方面我可以看出来男女关系怎么样，男方和女方家里的关系怎么样，有传统的因素也有一些现代的因素。对我理解北京社会和家庭中的男女关系、青年人和老年人的关系来说，这个亲身经历很重要。参加不同形式的婚礼，使我增加了对结婚和婚礼风俗习惯的感性认识，新式婚礼成为"文明结婚"的实践，但在那个年代，家庭婚礼始终占据主导地位，因为结婚仍然意味着具有同样社会和经济地位的个人的结合，坚持家庭经济

1985年罗梅君参加工厂的集体婚礼,其中一个仪式是新郎、新娘咬苹果

1985年罗梅君在北京郊区参加一个家庭婚礼,在新房和新婚夫妇合影

利益仍然是被放在第一位的。关于三个婚礼仪式的具体描写，都收录在我后来出版的书里面。

1985年秋天，我第二次来北京，之后也到日本访问，补充一些抗日战争时期日本人占领东北的资料。我看到了一些日本历史学家收集的东北当地不同民族在生育、婚姻和丧葬方面的资料。1985年我从日本飞到台北，这是我第一次到台湾。我住在一个知识分子的家里，在他们的近代史研究所图书馆收集一些资料，也见了历史语言研究所的杜正胜研究员，他带我在台北看了一些古代中国风俗习惯的建筑，如看了很多庙。与台北相比，北京自行车非常多，台北那个时候已经有了很多摩托车，而且开得很快，声音非常大，这是最深的印象了。

我这一次做访问学者到中国，申请了德国科学基金会（DFG）的赞助，申请经费是另外一个渠道，不是在两个学校的合作协议之内。这里也有一个小故事。我申请之后，DFG也给了北大信息，了解一下北大能不能成为我的接待单位。当我飞到北京的时候，我觉得DFG都已经安排好了。可到了北京机场，我发现只有中国教育部的一个人来接我，当时有一点奇怪，但是想没关系吧。那时我当然很累，因为飞机都是早上到，睡得不好。但是我慢慢地发现，教育部那个女干部要送我到民族学院。到民族学院干什么呢？她说北京大学没有人做风俗习惯这类的问题研究，所以北大不接待我。我觉得很奇怪，于是我跟她说，民族学院图书馆没有我需要的资料，没有熟悉的老师帮助我，我一个人在那边能做什么呢？她说就是这样，没有什么别的安排。我非常不满意，并且告诉她，我要先到北京大学勺园去。下车后我马上找到柯高老师，柯高老师问："你怎么在这里？我们没有得到你要来的消息啊。"我告诉柯高老师，他们现在要送我到民族学院搞我的研究，那怎么办？我不搞少数民族的历史，没办法在那边做研究。蔡老师也来了，我们三个人讨论这个问题，柯老师后来发现，勺园留学生宿舍还有一个床位，已经有一个学生住在那里。他们说，可能那个学生还有一两个礼拜才离开，如果我同意和她住在一起，短时期之内他们可以安排一下，我说好。教育部的代表说，她觉得如果是这样的话不好办，不知道怎么跟领导汇报。我跟她说，你可以告诉他们，我在民族学院没办法搞这个研究，我一直是在北大，我在这里留过学，还请告诉他们我 3 月份也来过。后来她就同意了，也没有什么事情发生。后来我得知，原来历史系收到了我的申请，但是办公室的人没有看到中文名字，申请的时候，是德国机关 DFG 用我的德文名字申请的，所以历史系办公室的人都不清楚是谁，也没有向老师们打听一下，就说我们不搞这方面的研究，就拒绝了，可以说还是一个误会。我到了北大当然挺高兴的，因为我可以继续完成收集教授论文资料的工作，还有机会跟北大的老师们谈一些论文写作中没有解决的问题。

1985 年秋天回到德国以后，我很努力地写生育、婚姻、丧葬习俗研究这本书。那时在德国已经可以利用电脑写稿子，但是我自己还不会，所以写这本书还是用比较传统的电动打字机，然后秘书把稿子用老式的电脑打出来。

同时我也积极参加中德关系史研究的项目。1986 年，由郭恒钰教授主编的、自由大学和北京大学的学者合编的一本中德关系史的论文集出版。早在 1983 年，郭恒钰教授建立了一个 Berliner China-Studien（"柏林与中国研究"）系列丛书的出版计划，他特别强调中国 20 世纪的发展是研究的重点。他的目的是希望给一些年轻的博士生、老师有发表硕士论文和博士论文的机会，也希望提高自由大学汉学在国内和国际的学术知名度。第一本是郭恒钰教授和高年级的学生翻译和介绍的老舍著作《西望长安》；第五本是著名的语言学家、北京大学教授王力的传记；第八本是北京大学政治系赵宝煦教授的讲座稿。郭恒钰教授的希望完全实现了，而且这个系列变成自由大学汉学的一个成功品牌。开始我当编辑，后来当出版者，到现在一共出版了55本。

1987年，为了庆祝柏林建市750周年，我们在西柏林最热闹的库达姆（Kurfürstendam）大街一家很大的百货店一层，办了一个关于"柏林与中国三百年历史"的展览，吸引了很多人来参观，受到了热烈欢迎。当然也出版了论文集。这是我们第一次离开学校在社会上开展活动，让广大公众了解、参与中国和德国关系的历史，也是我第一次跟余德美（Dagmar Yu-Dembski）合作，我和她负责管理和落实这个展览。我觉得搞展览是一个很好的办法，可以吸引学校和学校以外的人的兴趣。所以后来我又搞了几次展览，也跟学生们一起搞，作为他们课程的一部分。学生也愿意，而且喜欢给大家展示他们的学习和研究的成果，同时也强调他们的集体努力。

1988年我继续搞中德关系方面的研究，并于年初

第五章 见证改革开放 | 169

1987年罗梅君陪同张芝联教授参观"柏林与中国三百年历史"展览

再次来到北京,这一次是跟余德美和另外一位搞中德关系史的人一起去的。还是北大历史系给我们安排,国政系的赵宝煦和潘国华教授帮了我们很多忙,还见到了哲学系很有名的张岱年教授。这一次我的妹妹也来到北京,我也带她到一些有意思的地方,如长城、故宫,也跟她一起到四季青公社去看望那位老太太。关于我的妹妹来到中国也有一个小故事。1988年初有一个说法,如果要来中国短期访问,在北京飞机场就能得到签证。所以我妹妹在德国上飞机时还没有签证。妹妹到了机场，海关工作人员不让她进来。那时候北京机场很小，我在外面等她，可以看见她，和她说话。怎么办？我想只有北大能帮忙！我给留办打电话，说了这个事情。他们真的有办法，派一个人到教育部，请他们快点帮忙给北大留学生的妹妹一个签证。过了4小时，要知道那个时候还没有高速公路，北大的人到了飞机场，拿来签证，我妹妹能来中国了！我们两位高兴极了！

80年代我到中国、到北京大学来，差不多属于在自由大学和北京大学合作协议之内的交流。除了我以外，还有郭恒钰教授和其他自由大学汉学的年轻老师和博士生来北大，80年代都有机会在北京大学收集资料。1981年，汉学方面第一个利用交流学者身份来到北京大学的年轻学者是柯兰君（Bettina Gransow），她多年来在自由大学既是汉学家，也是社会学家，一直从事跨学科研究。同时，也有自由大学的文学和德文语言学的教授在北大德文教研室教课。另一方面，北大也有德语教研室的老师和其他系的教授在柏林自由大学讲课、做研究。我们和中国学者的交流非常多。所以总的来说，自由大学汉学的年轻老师及其完成的博士论文和教授论文，都曾经依靠北京大学图书馆和北京大学教授们的帮助。那时，德国其他大学的汉学老师也有到中国去的机会，可以通过DAAD，可以通过国家机关，但是直接通过两校交换的例子很少。我们在学术研究上有比较积极的交流，人与人之间的友谊也增强了。我们和北京大学的教授、学生的关系，都不是单方面的，而是双方面的，一个是个人关系，一个是学术关系。我还记得有一位教授，他在德国待了两个学期，他开玩笑说，那么长时间在柏林，现在已经西方化了，回到中国要每天洗澡。那时，自由大学研究其他专业问题的一些教授，包括德语系的教授，他们也找我们汉学教授，因为他们也要到北大去，所以要多了解中国和北京大学的情况。因此，自由大学和北京大学的合作交流协议，从一开始就是非常活跃积极的。还有一个方面，自由大学领导和北京大学的领导，一直非常支持这个合作协议。要补充的是，北京大学和自由大学从一开始就不是只写一个协议，而是有一定的经费，比如，我们大学的国际合作部，每年一定有一部分经费要用作和北京大学交换的项目，这个是固定的。

80年代北京的生活条件，包括外国留学生和学者的住宿生活条件，比70年代好很多，在饭馆吃饭的时候不用粮票了，买衣服也不需要布票，人们的生活条件普遍提高了。在商店能买到水果、蔬菜，品种挺多，很多是从南方运到北京的。北京70年代的冬天只有白菜、萝卜和土豆。还有一个，从很多方面可以看出来，改革开放的政策在大学和社会范围之内也进一步落实。在大学里，在学术方面，都可以看到一些活跃的讨论，对70年代及以前看法的重新反思。跑到中国来发展的外国人也挺多的。而且那个时候一般来说，外国媒体对中国的发展状况和中国政治的报道还是比较客观的，比较实事求地探讨中国的发展。70年代第一批中国留学生中，很多人从外国回到中国，也带来了很多新的知识。作为一个外国人，从80年代开始也可以到中国很多城市自由旅行，很多地方对外国人已经开放了；中德关系方面，中国代表团和德国代表团在政府层面实现了互访。

第六章
成为教授——新的教学科研之路

1991年最重要的是,我得到了自由大学的教授位子,所以我教课和研究的情况有了很大的变化。此外,我在大学也有了新的行政方面的工作和负责的任务,也参加大学的自主办学,特别是在系里和汉学教研室里。

我在1987年终于完成了教授论文,自由大学组织了一个教授资格委员会来审阅。要得到教授资格,在德国大学是比较正式的,也比较不容易。委员会成员主要是系里的人,也包括其他专业的一些人,大多数是教授,也有学生助教参加。要由一位汉学专业教授写一份关于我的论文总评,也要请校外两位汉学教授写评论。那时我突然碰到了一些问题。自由大学有一位比较传统的搞古典汉学的教授,那时不怎么接受我的新题目和新的方法论,甚至认为我的研究不属于汉学范畴,因为我比较多地运用了社会学、民族学、历史学的理论方法。至于我分析和解释资料的方法,他也不太赞同。所以他提了很多问题,于是教授资格委员会除了咨询两位比较有名的德国汉学教授,请他们做评价,还请了柏林自由大学另外一位研究宗教的教授写了一个评价。委员会经过热烈讨论后,大多数人都承认这本书达到了教授资格的水平。除此以外,我在系里还要做一个报告,关于洋务运动在当代的讨论。之后系里委员会才决定通过我的教授论文,我终于得到了教授的资格。这个事情对我来说很关键,如果没有成功,以后不能申请教授位子,也没办法留在学校。那位汉学家,两年后还在很努力地利用各种各样的手段反对自由大学给我教授位子——但他失败了。

1989年,我的教授论文在德国出版;2001年,北京中华书局出版了由王燕生等人翻译的中译本,书名是《北京的生育、婚姻和丧葬:19世纪至当代的民间文化和上层文化》。王燕生是北大德语教研室的教授,她是德国文学的专家,经常到德国做学术交流访问,翻译过很多德国文学作品。

90年代的世界发生了大的变化,特别是中国和德国的政治及两国关系。中国加强市场经济,发展速度加快;学术界更加活跃,出版的新书和杂志更多,中山公园每年举办图书展;国际交流,包括中德学术交流,越来越多。北京大学的面貌也开始发生变化,建了新的教学楼、新的图书馆,学生人数也增加了。海淀区变化也很大,从一个小农村变成北京市的重要组成部分,每年可以看到城市化的发展。中关村成为新的信息技术中心。圆明园遗址部分已经修缮,变成公园,可以参观游玩。人们日常的生活方式也变了,修建了高速公路,市内有二环、三环、四环,汽车多了,自行车少了。吃饭有了新的风味,美国的麦当劳、肯德基以及类似的快餐进入北京,还有意大利比萨,给年轻人更多品尝西餐的机会。还有,午休的习惯也慢慢改变了。

而在德国,有一个很大的转变,"冷战"结束,德国实现了统一,这对学术界也产生了很大影响。1989年柏林墙推倒了,我记得很清楚,11月9日晚上8点看电视新闻,东柏林负责人回答记者的提问,他说从

90年代北京中关村大街一角

现在开始，东德人可以申请到西德的签证。很多东德人马上到东柏林和西柏林的边境，要求过去，东柏林边检兵队没办法，后来打开了边境，让人们过去。那天晚上我一直在看电视报道，非常着急。第二天晚上我才敢到柏林墙那边，到勃兰登堡门去看一看，满满的都是人，有东德人，也有西德人，人们都爬上墙，喝着酒，很快乐，跟参加大晚会一样。1990年10月，东德和西德正式统一，原来的西柏林和东柏林也合在了一起，开启了一个大转变时期，这个转变也包括大学方面的合作。

首先，自由大学汉学系比较积极地拥护统一，我们开始跟洪堡大学的汉学家联系。1989年6月，郭恒钰教授主持召开了第一个中德关系方面的研讨会，也请洪堡大学的费路（Roland Felber）教授参加。其实在6月，柏林墙还没有倒时，他就被批准参加研讨会。两德统一以前，一般来说，只有欧洲汉学学会每两年在不同的城市开一次会，有来自西欧和东欧国家的汉学家参加。如果那个时候参加这个会，你可以跟包括东德、波兰、匈牙利、苏联在内的东欧的汉学家见面。但是，除了这个会议以外，差不多没机会交流。其实我们和洪堡大学的同事同在柏林，只是分为东柏林和西柏林，彼此之间没有正式联系，也没有学术方面的合作。因此，1989年的中德关系史会，是自由大学和洪堡大学的学者在学术方面第一次共同发表研究论文。自由大学正式与洪堡大学汉学系建立联系是在1990年，因为那个时候相互还不太认识，所以我们在自由大学安排了一个专门讲座，每个礼拜一次，大约两小时，参加者有自由大学的汉学家，有洪堡大学研究中国问题的学者。每一位汉学家介绍自己的研究情况，也有两个学校的学生来提一些问题。所以从这个角度看，这是比较好的机会，增进西柏林和东柏林的汉学家之间的了解。

当然，还要从政治角度考虑如何重新安排原来东德的学校和学术机构。这个政策由柏林州的教育部实施，他们在洪堡大学各系组织一个机构和聘任教授小组，这个小组从政治、学术的角度来分析每个系和每个学者的情况，考虑大学新的组织和如何重新安排东德教授的问题。这些小组当中也有一些西德的学者，如慕尼黑大学比较有名的汉学教授鲍尔（Wolfgang Bauer），他于50年代跟随父母离开了东德，所以他的儿童时代是在东德度过的。他是该委员会的会长，负责这件事。关于这项工作，我们当时也不太清楚。

1991年我得到了自由大学的教授位子后,自由大学有3位固定的汉学教授,洪堡大学也有3位中国学研究的教授,我们一起见了面,讨论关于柏林汉学的发展问题。我们6个人合作撰写了一份机构调整计划和合作研究的大纲,考虑在柏林,无论是在自由大学还是洪堡大学,建立一个比较大的中国研究机构,把两所学校的资源整合在一起。那个时候,自由大学的领导很支持这个想法,教育部部长也支持这个计划,因为这对于发展汉学的教学和研究是一个很好的机会。有一天,柏林州教育部请我们6位教授,包括自由大学的领导及洪堡大学聘任教授小组的组长鲍尔在内,一起商量,教育部部长 Manfred Erhardt 作为讨论会的主持人也参加了这次讨论。教育部部长请自由大学和洪堡大学在一起讨论,就是一个表示赞成我们计划的倾向。

我们有机会让他看我们的中国研究机构调整计划和研究的大纲,而且我们有一个比较热烈的讨论。结果从慕尼黑来的鲍尔先生非常反对这项计划。当时我们无法理解他为何反对,但后来我们发现,第一个是经济方面的原因,他希望给一些还没有得到教授位子的西方学者一些机会;第二,他担心某些人会受到马克思主义理论的影响，所以他认为所有代表东德政府思想的学者都要下台。后来我才知道，因为他在东德出生，在家里受到非常严格的德国虔信主义思想的影响。此外，可能还有个人原因，特别是因为洪堡大学的费路教授，曾对他出版的一本书给予了不怎么好的评价。因为鲍尔教授那个时候比较看好"文化大革命"，费路不赞成他的意见，所以有一点批评。这三方面可能是他之所以反对的原因。原来我和鲍尔的关系不错，他对我的教授论文评价挺好，所以我单独去找他谈这个事。我的看法是，即使有一两个人可能是马克思主义者，但是马克思主义者已经没有了政治、社会基础，没有了政治权力；而且西德是民主国家，在我们的汉学当中接受一两个马克思主义者，不可能构成威胁。我非常强调西德民主的情况，应该允许更多的不同的人在一起共事。但是，鲍尔教授完全不同意我的说法，他特别提到费路，说他代表东德的社会主义制度，一定要下台。所以这次个人谈话也没有改变鲍尔教授的想法。

当时柏林州教育部部长，还有自由大学的领导，都不太满意这个结果，也觉得从政治和学术角度来说，两所大学汉学的联合与合作应是一个很好的机会。所以谈完以后，他们也想办法，派我加入到聘用洪堡大学新的教授的委员会中，但是，这个安排鲍尔也反对，不让一个自由大学的教授参加委员会。后来他们找了3位教授，聘任了一位原来洪堡大学教中国语言的教授，还聘任了一位西德的教授，搞古代文化和历史。第三个教授位子比较复杂，因为有各种原因，他们没办法聘任一位教中国现代文学的西德教授，所以仍然让原来洪堡大学的梅薏华（Eva Müller）教授教课，但从那个时候开始，她不再是正式教授。一直研究中国文学的梅薏华，是北大中文系55级的留学生，是洪堡大学中国学研究的重要学者，但是她没有得到她原来的教授位置，而变成一个客座教授。而且费路教授也不再是正式教授，原来大学要把他开除出去，只是因为他身体不好，当时不能开除。有三十多位国际上知名的汉学家，其中有中国人、日本人、美国人、欧洲人，也包括一些德国人，为了费路教授，写信给柏林州教育部部长，提出无论是从费路的专业资历还是研究水平与成就来看，他都是一位合格的汉学教授，不应该受到政治方面的排挤。也可能是这封信起了作用，他们同意让费路教授继续任教，但是他跟梅薏华一样，只能当客座教授，没有正式教授的权利。

2003年自由大学汉学教研室庆祝梅薏华教授（左二）70岁生日，左一为诗人萧开愚，中间站立者为洪堡大学汉学家尹虹（Irmtraud Fessen-Henjes）

德国的汉学组织——第一个专门研究汉学的学者组织——是90年代东西德统一以后正式建立的，其中有洪堡大学的人，也有波鸿大学的马汉茂（Helmut Martin）教授。德国汉学学会每年召开一次，在柏林、汉堡、波鸿等不同的城市，安排某一所大学组织会议。通过会议的组织和出版的会议论文集，可以看出德国汉学界的主流和非主流，其中大部分有一点现代化的倾向。原来德国汉学没有汉学专业的组织，只是1945年成立的德国东方学会（Deutsche Morgenländische Gesellschaft/German Oriental Society）的一部分，而且集中于研究古代历史与古典文化，不包括研究现代社会或者社会科学的学者，德国古典汉学的研究者都属于这个学会。研究当代中国问题的学者属于德国亚细亚学会，但它不是专门从事中国研究的学术机构，所以建立新的汉学组织，是表明新的研究趋向。我还清楚地记得，2000年洪堡大学召开了一次德国汉学会议，我在报告当中提到那个时候洪堡大学的情况，而且提到汉学界不平等地对待洪堡大学汉学同事的问题；还提到德国历史上，比如在19世纪，对于早期汉学家的态度问题。我认为，德国汉学研究的历史有三次断裂，对德国汉学的发展起了一个不好的、消极的作用：一次是民主革命时期，即1848年革命时期，三个汉学家被开除；第二次是纳粹时代，有很大一批的汉学家受到迫害，被迫移民；第三次是东西德统一以后，不让东德的、洪堡大学还有社会科学院的汉学家们在原来的位置上继续工作，马克思主义的汉学遭到破坏。大家都在认真听我的发言，会场上鸦雀无声。

1990年以来，梅薏华还是在洪堡大学教课，费路也在那边，我们跟他们继续在教学和研究方面合作。除了给学生讲课以外，我们一方面跟费路一起继续中德关系的研究，另一方面也开始一个新的项目，共同与莫斯科科学院远东研究所合作。东西德统一前，俄罗斯科学院远东研究所的汉学专家和洪堡大学费路教授的联系很密切。统一之后，他们也向他询问，能否在共产国际和中国问题研究方面开展合作。他们也知道自由大学的郭恒钰教授，因为他是研究20世纪二三十年代共产国际和中国关系的专家，写过两本书。所以，费路教授、郭恒钰教授，还有基塔连科（Mikhail L. Titarenko）教授（远东研究所所长，到柏林来一起探讨如何建立合作研究）请我一起参加这个项目。首先要考虑合作研究的范围。开始的时候就是想编1—2本资料集。自由大学的领导非常重视这个项目，特别是政治学家、副校长Werner Väth教授很支持，将其列为学校国际合作一个大规模的项目，为此，与莫斯科远东研究所签了一个协议。按照协议，可以申请德国科学基金会DFG的经费支持。早期德国科学基金会主要是德国国家方面的一个基金会，国际性还不算太强，他们也要考虑用什么方式跟俄罗斯合作，后来他们同意支持这个长期的合作项目。因此从90年代初，我们就开始与俄罗斯远东研究所合作。后来慢慢了解到，莫斯科档案馆（国立社会政治史文书馆 Russian State Archive of Socio-Political History［RGASPI］）的资料非常丰富，编1—2本资料集可能完全不够。所以从1993年开始，每年或是每两年，双方都会互派学者进行交流。我们的计划是在俄罗斯用俄文出版，在德国用德文出版，我们也补充了一些英文资料。后来

1994年德国—俄罗斯关于共产国际和中国问题研究组，从左到右：吉英力（Ingrid Dammalage-Kirst）、唐田慕（Tim Trampedach）、克卢格（Joachim Krüger）、基塔连科、罗梅君、费路

也跟中国的中共中央党史研究室第一研究部合作，因为在他们的档案中也找到了一些关于这些题目的资料，并补充了进去。他们将资料翻译成中文，由北京图书馆出版社出版。我们大概用了十多年时间做这项工作，一共出版了7本资料集，包括从1920年到1945年非常重要的关于共产国际和中国方面的历史记录，其中6本都已翻译成德文。因为收集了很多方面的新资料，后来很多学者研究民国时期的历史，都参考我们出版的资料。这些档案的出版，丰富了民国史研究的基本资料，为学者提供了新的启发，为重新评价民国史提供了重要依据。当然，出版这些资料，有时候也不容易得到档案馆和一些组织的批准和同意，俄国学者为此付出了很多努力。

每一本资料集的出版，我们都共同讨论，一般来说俄国的同事写一个初稿，我们在此基础上重新思考、补充，用这个方式我们讨论了很多问题。除了出版资料集以外，我们也大概介绍每一个时期、每一个年代的主要机构、人物与事件。而且我们发现了很多关于当时重要人物的资料，很多人的名字都被忘记了，我们重提他们的名字，并且说明"他曾经在历史上受到迫害，死后才恢复了名字"，并写进历史书。除此之外，1998年，我们也在柏林自由大学组织了一次国际学术研讨会，请了世界范围内研究相关问题的知名专家学者，包括中国大陆和台湾、美国、欧洲的学者。会议的论文集在2001年，由英国跨国出版商罗德里奇（Routledge Publisher）正式出版，书名是 *The Chinese Revolution in the 1920s: Between Triumph and Disaster*（《20世纪20年代中国革命：胜利与失败之间》）。郭恒钰教授退休以后，由我负责这个项目。除了基塔连科教授以外，俄国方面重要的研究者有格卢宁（B. I. Glunin）、高黎明（Alexander M. Grigoriev）、石克强（Konstantin V. Shevelev）。德国方面除了费路、郭恒钰和我以外，克卢格（Joachim Krüger）教授是这个项目的骨干，他专注于这个项目，负责翻译资料，分析问题。还有年轻学者唐田慕（Tim Trampedach）也参与了项目工作。这个项目非常大，我们的合作氛围很好，出版的资料受到国际学术界的欢迎。为此，2002年，莫斯科社会科学院的东方学研究所授予我名誉博士学位。

我个人不仅比较注意收集关于共产国际和中国关系方面的资料，也收集当时共产国际的顾问对中国当代政治和社会情况的评价资料，以及反映当代政治和社会问题的史料。共产国际和中国共产党的关系，开

1994年费路（Roland Felber）、郭恒钰和格卢宁（B. I. Glunin）（从左到右）在莫斯科讨论共产国际与中国的项目

始时是共产国际和国民党的关系，当然这是非常密切的关系。但是我们发现，具体分析他们的关系不太容易。关于一些政治评价已有普遍的看法，即不能说共产党完全依靠共产国际的顾问，这些顾问不能"命令"共产党或者国民党的领导。有一个例子，在1924年国民党第一次全国代表大会上，孙中山提出"联俄、联共、扶助农工"三大政策，承认共产党员和社会主义青年团员以个人身份加入国民党，标志着国共合作的正式建立。在此之前，共产国际的顾问跟孙中山谈了

一些政策，孙中山表示同意，但是在大会上他谈了另外的政策，大会跟着他的建议做出了决定。

第二个大项目就是中德关系研究项目，在20世纪90年代成为自由大学和洪堡大学合作的一个桥梁，进而包括和北京大学，还有中国第一、第二历史档案馆的合作，也包括与南京大学的合作。我们召开了三次关于中德关系史的会议，第一次是1989年，第二次是1991年，第三次是1994年。我们邀请了第一档案馆和第二档案馆的学者，以及其他中德关系研究的专家，包括一些美国学者。而且，在中德关系史研究方面，我们计划出版6本资料集，从1897年到20世纪90年代，顺利地得到了大众公司基金会的资金支持，并且开始收集德文和中文资料的工作。弗莱堡大学的马丁（Bernd Martin）教授和历史学家古苏珊（Susanne Kuss），担任1927年至1937年资料的主编；柏林自由大学政治系的副教授Werner Meissner，担任东德与中国关系史——1949年至90年代的主编。在各方的努力与合作下，前后一共出版了6本中德关系史的资料集，包括为了解释中德关系史，分析某个时期政治、经济、文化方面的论文。这个系列非常丰富，从1897年到1949年有4本资料集，1949年以后有2本，一本是西德和中国大陆、中国台湾的关系，一本是东德和中国的关系，一直到1989年。现在这6本书都陆续出版了。第一本是1995年出版的，最后一本是2006年出版的。我是6本书的总主编，每一本有一个主编，我还担任了其中4本的主编。这6本书到今天仍然是研究中德关系史的权威著作。

我们开始搞这个项目的时候，在德国汉学当中，中德关系还不算真正的汉学研究项目。那个时候的传统观点认为，汉学只是分析汉语资料，分析中国，不包括中德关系。所以那个时候只有某些年纪较大的"中国通"写这个题目，他们当中有一些人是在中国出生或者在中国长大的。

在这些中德关系的书当中，我们运用了一些新的理论与处理资料的方法。我发现近代以来的中德关系，大都呈现一种"等级制"的非对等现象，直到1972年德中建交（包括后来，到90年代），仍然是现代的德国来"帮助"落后的中国，中国被放在追赶者和补课者的行列，因此，1996年我专门写了一篇文章《德中关系论述中的霸权与平等》，从批判西方中心论为主的角度来摧毁"文化霸权"。我的论点是：第一，我们要把中国和德国都作为中德关系的主体，而不是像以前一样以德国为主体，中国是客体。当然开始的时候，中德关系中，德国是一个殖民的列强，但还是要看一看中国怎么抵抗，看中国老百姓、知识分子、政治领导人如何从不同的角度发展中德关系；第二，这个看法可以说是方法层面的，就是我们不要只考虑外交和政治的关系，也要考虑经济、文化、社会及其相互关系，也包括个人之间的关系，以及中国人的德国观、德国人的中国观，包括中国人到德国来，德国人到中国去。我们把中德关系看得比较广，这也是一个新的方法；第三，除了收集德国档案馆的资料以外，我们也有机会补充一些在中国保留的原始资料，有一些是保存在中国第一、第二历史档案馆的档案资料，跟他们开展合作。总的来说，这6本书展开了一条分析中德关系的新路。

研究中德关系史，是我们20世纪80年代初在北京大学谈两个学校的合作时开始的，90年代我们有机会更深入地落实这方面的研究。除了出版6本资料集以外，90年代我和余凯思（Klaus Mühlhahn）以及两位助教一起，专门开始一个"19世纪中德关系史"方面的项目，集中在经济和教会的相互关系，更深入地研究中德关系史，也更深入地考虑到分析跨文化的重要性。余凯思也参加了出版6本中德关系史的项目。我们认为,中德关系总体来说是一个交际和互相影响的关系,是中国和德国在这一方面的"Reciprocity",我们把"相互性""跨文化相互作用"的理论,作为研究中德关系比较重要的理论思考和架构。我和余凯思合作写了一篇理论性的文章,由孙立新翻译为中文,题目是《跨文化行为模式:帝国主义后期在中国的德国经济与传教》(国家清史编纂委员会编译组编《清史译丛》第四辑,中国人民大学出版社,2006年),文章介绍了这个概念,并总结出四种19世纪晚期德中关系的跨文化行为模式,这就是"本土化、顺应、排斥和抵抗",因此中国的现代化也是中外接触交流、冲突的合力促成的,既没有完全西化,也不再是纯粹的传统东方文化,但看最终的结果,决定中国发展方向和命运的不是外来侵略者,而是中国本土社会。我们非常重视理论分析,不论是妇女史、社会史还是中德关系史方面,都应重视理论。

强调理论方法问题也涉及另外一个关于中国和外国关系史的项目。在1991年和1994年的中德关系史国际学术研讨会上,我们邀请了哈佛大学的柯伟林(William Kirby)教授,之后我们继续开展中国研究中理论方法方面的合作，特别涉及中国的国际化、如何评价中国与外国的相互关系。1995年和1996年夏天，我两次在哈佛大学做访问学者。2001年，除了柯伟林，加州伯克利大学的叶文心（Yeh Wen-hsin）教授和北京大学历史系牛大勇教授也参加了我们的合作，共同组织了三次讨论会。

对我个人来说，除了参加编辑和集体研究的工作以外，我自己也开始慢慢关注一些汉学家，特别是对了解他们在中德关系中所起的作用逐渐产生了兴趣。

除了中德关系方面的研究项目，我们也跟洪堡大学的梅薏华教授合作，主要是在妇女史、妇女问题、性别研究方面进行合作。因为90年代在德国搞中国妇女研究的人非常少，我们只好自己慢慢深入这一方面的研究，开辟道路。我本人开始更多地参与妇女研究的题目，做了方法论的尝试。1991年在自由大学，我们第一次组织召开了"德国妇女与性别研究"的会议，请我们认识的德国女汉学家到柏林来，讲到一些中国妇女的历史和当代的社会情况。其中也有方法论方面的报告，也谈到德国女汉学家的情况。例如，柯兰君谈了关于社会科学及汉学研究中把女人置于次要地位的倾向；我谈的题目是《中国妇女研究和性别出发点》。与会的学者都是女性，没有男性学者参加，气氛非常好。那时，我们女汉学家第一次感到我们不是少数。会后，柯兰君和我参与编辑、出版了会议的论文集。那个时候参加会议的三十多位女性学者中，除了两人之外，其余都是德国人，也没有中国同事参加。通过这次会议，我们希望鼓励更多的学生，特别是女学生和博士生，参与和关注女性研究。从那时起，我们不断增加女性学研究的课，也请了中国最早开始做女性研究的学者李小江到自由大学来做报告，介绍中国的妇女研究问题。汉学系一些学生的硕士和博士论文，都开始考虑选择以中国妇女历史和中国妇女问题作为论文的研究方向。有一个女硕士生写了关于李小江的传记和妇女理论的硕士论文，后来在德国发表了。

第一次召开"妇女与性别"研讨会还有另外一个比较大的成果，就是我们开始办杂志。开会时，我们考虑到应该出版"女汉学家研究通讯"类似的小刊物，刊名为《中国与妇女》，都是我们自己写，没有正式出版，也没有得到什么赞助。当时汉学系的助教史明（Nicola Spakowski）积极支持办刊物，洪堡大学有几位女同事参加了编委会。后来发现，给我们投稿的人越来越多，慢慢地妇女研究的通讯变成了一本杂志,发表关于中国各方面的研究论文,研究范围很广泛,不再局限于妇女研究方面。因此,从1996年第10辑开始,我们补充了新的英文和中文名称:《中国社会与历史》(Chinese History and Society),刊物的主旨是建设一门有批判性的汉学。从1998年第14期开始,该刊成为半年刊的正式出版物。这一期我的论文题目就是《世界观—科学—社会:考虑一门有批判性的汉学》。办杂志的目的有两个:第一,是把妇女研究方面的题目和当代始终没有被特别关注的题目"写"在汉学的项目当中;第二,是给年轻的女汉学家创造机会,发表她们的论文,也鼓励她们为论文和新书撰写评论。从正式出版开始,我们得到了自由大学的财政支持,该刊物也成为汉学的一个集体刊物,出版的每一辑,都有编辑小组,包括教授、助教、秘书,有的时候也有硕士生,都有女性学者参与,后来也有男性同事参加编辑工作。后来我作为总主编,一直负责这个刊物。主编则根据每一辑的主题,由不同的学者担任。2016年刚出版了第48辑。办自己的刊物给了我们更多的学术独立性和自主性,随着刊物影响力的扩大,慢慢地它也变成了一份国际性的刊物,有中国和其他外国学者写文章,参加编辑工作。作为自由大学汉学的正式刊物，它逐渐以德文、英文和中文三种文字刊登学者们的文章。

20世纪90年代初，我们也开始与北京大学妇女研究中心联系，考虑可以共同合作的项目。特别重要的是，1992年在北京大学历史系，我碰到了70年代在北京大学留学时认识的一位中国同学臧健，那时她跟我同住25号楼，她的同屋是一位加拿大同学。我们在文史楼中国中古史研究中心的办公室里突然碰面了，那个时候臧健负责刚刚成立的北大妇女研究中心的一些具体工作，同时正在编辑一本《近百年中国妇女研究论著目录》，收集了很多资料，有好几抽屉的卡片。为此，我和当时的博士生史明一起去找她，才发现原来我们早就认识了，我们都很高兴，这是一个非常好的机会。所以从那个时候起，我们就开始在妇女研究方面合作，一个是关于"文化大革命"中知识青年"上山下乡"的问题，另一个是中国妇女历史与现状的研究。

关于"50个北京女知青口述史"这个项目，是1993年的夏天我和臧健在北大勺园一起讨论，最后定下来的。当时我们都觉得，"文化大革命"中的知识青年"上山下乡"运动是一段重要的历史，应该记录

1992年罗梅君和当年历史系的同学张彦玲（左）、臧健（右）在北大南门

下来，其中特别是女知青的生活与感受，是了解那段历史尤其是妇女史不可缺少的一部分，这件事情一定要做。我们谈到了一些怎样做人物传记的方法，特别是在德国学术界和国际学术界的一些方法，那个时候中国历史学家还不是非常了解这方面的情况。从臧健的角度提出来，"文化大革命"已经过了30年，曾经

有"上山下乡"经历的知识青年大部分已经近50岁，如果这个时候再不记录，以后就会忘记了。所以我们达成了一个合作的协议。臧健负责联系北京大学出版社，还联系到两个一起插队的女同学组成编委会，她们又用不同方式联络到50位北京女知青，曾分别在内蒙古、山西、陕西、黑龙江、云南等地的农村下乡劳动，用自己撰写回忆录的方式完成书稿。所以这本书是从1993年开始我们合作的一个很重要的妇女研究项目。这本书最后在1995年世界妇女大会召开的时候，由北京大学出版社正式出版了，是中国第一本女性知识青年的自传体回忆录。其中9位女性知识青年的口述史，被翻译成德文，陆续发表在《中国社会与历史》第11—13辑上。我也鼓励我的一个女博士生苏诺娜（Nora Sausmikat）研究这个项目，她做了很多深入的访谈。她论文的采访资料大部分都是在北大同事的帮助下收集和完成的。直到今天，在德国只有这篇博士论文描写和分析了中国女知青的情况。

那时，我本人对中国儿童研究也很有兴趣。我在《北京的生育、婚姻和丧葬》一书当中也提到儿童的情况，但不全面。所以我们开始了一个新的项目，考虑研究儿童问题，我特别关注民国时期如何对待儿童的问题。我对儿童问题的关注，在当时还有一个原因，就是1992年和1993年我两次到北京大学，都是德国夏季学期暑假的时候，我带着儿子，他两次上了北大的蔚秀园幼儿园。所以我也受到了一些比较具体的影响，把我的生活方式和我的研究连在一起。后来我们组织一个研究小组，也出版了关于"民国时期儿童史"的名为 Die Befreiung der Kinder: Konzepte von Kindheit im China der Republikzeit 的一本书，史明、费海根（Heike Frick）和我是编辑，其中我具体研究了20世纪20年代民国时期非常有名的儿童教育家陈鹤琴先生。陈先生是中国近代教育史上享有盛誉的儿童心理学、幼儿教育和儿童教育专家。1923年在东南大学任教时，讲授儿童心理学，为推行幼儿教育中国化，还创建了"南京鼓楼幼稚园"，与陶行知先生一起主编《幼稚教育》月刊，在创刊号上发表了《我们的主张》的文章，提出适合中国国情和儿童特点的15条办幼稚园的主张，其中"中国化""科学化"是他思想的核心。陈鹤琴先生对民国时期的幼儿教育事业贡献很大。当时刚刚有一些中国的幼儿园重新考虑陈鹤琴的教育理论与方法，组织了陈鹤琴教育思想研究会，有出版社准备重新出版他的著作，并组织研讨会。我有机会跟他们谈陈鹤琴的理论，也有机会跟他的女儿见了面。

除了合作研究的项目，我也利用到北京的机会收集关于妇女研究方面的资料。我记得我们到妇联妇女研究所去访问，看了一些妇联保存的资料。我也访问了1990年成立的北大妇女研究中心，和负责人郑必俊、陶洁教授见了面，了解北大妇女中心跨学科研究的情况。我那个时候指导的女博士生史明，对中国妇女的问题很有兴趣，她后来写的教授论文，题目是关于"抗日战争时期的女兵"。所以她也经常到北大来收集资料。史明教授现在是弗莱堡大学汉学系的主任。

1992年，北大历史系组织了一个讨论会，请我做报告。社会科学院近代史研究所也请了我做报告，介绍研究成果。从1992年开始，我差不多每年来一次中国，参加会议或是收集资料，每一次都是以北大为中心。同时也去了南京，拜访南京大学历史系民国史专家张宪文教授和陈谦平老师，建立了与南京第二历史档案馆、北京第一历史档案馆的合作。1995年，我受聘为南京大学历史系客座教授。

1997年3月，我到北京待了一个多月，就送儿子马丁上了北大附小一年级，和中国孩子一起上了4个礼拜的课。因为我觉得马丁一直待在我住的宿舍里太孤单,所以想办法让他跟中国的孩子在一起。因为他上过蔚秀园的幼儿园,对汉语有一些感觉,可以慢慢听一些句子,但是自己说不出来,因此他在北大附小的时候也不怎么说话。但是他每天回来给我看一年级的课程表,告诉我今天他上了什么课。我发现有一门课是"思想品德",我不太清楚这个课是讲什么内容,因为语文课、数学课、历史课都比较清楚,就问了马丁,对于那个课有什么感觉和印象。他说这个好像是类似于德国宗教课的一门课。他很喜欢上蔚秀园的幼儿园,也喜欢上北京大学附小。因为他跟中国的孩子们可以一起玩儿,而且对他来说,他们不要求考试,所以感觉比较轻松。下午有朋友去接他,有时也有一些德语系的学生,他们下午也来跟他玩一玩,他也比较愉快。

1993年,我第一次陪同自由大学的校长、法学专家Johann Gerlach教授,短期访问北大。1994年,北大党委副书记任彦申率领北大代表团访问自由大学,和自由大学校长Johann Gerlach教授共同签署了延长两校合作的协议。北大代表团在柏林期间,参观了亚历山大广场的马克思、恩格斯铜像,我参加了接待北大代表团的工作。1997年8—9月,我第二次陪同自由大学的校长,还有外事处的处长Wedigo de Vivanco 一

1994年自由大学校长 Johann Gerlach 教授和北京大学党委副书记任彦申共同签署两校合作协议

起到北京大学访问。那时还陪同校长到人民大会堂，和中国致公党中央副主席、最高人民法院副院长罗豪才见面，他们谈了法律方面的问题，我给他们做翻译。同时，两个学校又续签了合作交流协议。交流与合作的范围已经扩大到许多专业领域。特别是在备忘录中，提到双方同意共同促进一项联合培养博士生的计划，而且提到应分为三个阶段实施，双方应按照国际标准评定论文。那时中国刚刚实行市场经济，北京大学也搞了一些经济方面的活动，有了校办企业方正公司，

1994年罗梅君和北大党委副书记任彦申在柏林亚历山大广场的马克思、恩格斯铜像前合影

我们代表团也访问了方正公司。我第一次看到利用现代的电脑技术给很多的中文报纸刊物使用激光照排技术。除了北大,我们也到别的大学访问。比如,南京大学、复旦大学、中山大学,然后也到香港,对香港中文大学、香港大学都进行了访问,也签署了合作协议。那个时候柏林自由大学要扩大交换的方式,除了研究生和老师的交换,也是非常早就开始直接交换学生,每一个大学大概有2—3个名额。一般来说,德国学生到中国来,自由大学负担路费,中国大学安排住

房；相反的中国学生来德国，由中国大学付路费，德国大学安排房子，也给一部分生活费。跟其他中国大学做交流主要是在学生方面，合作不如北大密切，没有商定交换学者的固定名额，也没有一年18个月的交换经费，自由大学只是在与北京大学的交流中保留一部分固定经费。从90年代开始，合作是在平等的基础上落实的，所以一直在与中国大学交换学者和学生。当时，德国除了自由大学之外，没有一所大学能够如此广泛、全面地与中国大学建立合作关系。由自由大学和北京大学开启的合作，后来就变成了一个可以效仿的模式。

90年代从北大到柏林来的学者越来越多。1994年至1995年，当时北大历史系的岳庆平老师，在自由大学教课两个学期，而且他帮忙找一个北京的出版社来出版我的书，也帮忙找人来翻译这本书。我们也谈了关于中国社会史研究的一些方法问题，那个时候中国社会史成了一个热点。同时俞可平也在汉学系搞研究，给我们的学生讲课。当时他是中共中央编译局的研究员，后来成为编译局的副局长，现在是北大的政治学研究中心主任。还有北大历史系世界史专家张芝联教授和研究德国史的丁建弘老师到柏林来，给学生做报告。北大的社会科学学者到柏林的时候，我一般都想办法请他们做报告，为我们的学生争取机会，听中国学者对中国历史和当代发展的看法，因为我认为在教学方面也要避免欧洲中心主义。

德国国立大学，包括自由大学在内，都是自治管理大学。从70年代末开始，我们自由大学的汉学跟日本学、朝鲜学都在一个楼，但还不是一个单独的管理单位，跟伊朗学、伊斯兰学、阿拉伯学，还有民族学共同组成学校的一个东亚和中东管理单位，此外宗教学、基督教学、犹太学，也都是一个独立管理单位。这些管理单位都属于哲学与社会科学系二部，一部则包括哲学、政治学和社会学。到90年代，自由大学一共有二十多个系，不太大，也没有学院，系上面直接由校长和学校委员会领导。哲学与社会科学系二部所属的专业大部分搞区域研究，都是所谓"小的专业"，每个专业只有一位或两位教授，也是专业负责人。我们都比较喜欢这个管理方式，都有一个保卫我们的"小专业"的精神。80年代我在系委员会被选举当助教代表，90年代我被聘为教授以后，是我们东亚和中东管理单位委员会的主任，负责自治管理方面，也包括招聘助教和工作人员，我也被选举为系委员会的教授代表。从1998年起，因为要减少系的数量，自由大学决定把原来哲学与社会科学系二部的大部分专业，和历史系与艺术历史系、古代文化系合并，综合成为现在的历史与文化学学院。为了保护我们汉学专业的利益，我在东亚和中东管理单位与系里面也是教授的代表，两次被选举为系副主任，并且越来越多地引入一些自由大学的政策。从90年代初，我就比较多地关注男女平等的政策，特别是在大学里，从这个角度，我也进入了一些学校的政策机关。

90年代初我刚得到了教授的位子，那个时候女教授在德国还非常少，所以我那个时候也积极参加扩大女教授数量的一些活动。例如，柏林州教育科学部的部长，他非常强调要提高女教师、女教授的人数，重视女教授在教学方面的贡献。当然这个也是两德统一的结果，因为在东德，很多大学里的女教授都比较多，男女平等的情况比西德好得多。比如说那个时候有一个全世界的评价，看男女平等在一些国家的地位，从全世界来看，东德的妇女占第7位，可是西德的妇女只占到71位，这个我记得比较清楚。而且，在妇女节时，很多女教授跟过去的洪堡大学以及东德社会科学院的一些女研究员谈起这个问题，提到要搞清楚这个差别，不要出现男女平等的倒退。所以，从这个角度来说，柏林州教育科学部的部长也非常注意这个问题，而且很多柏林女教授要求这样的政策。教育科学部下面有一些妇女机构，也在为妇女平等而斗争，她们开展了一些支持大学女博士生、女教师得到大学教职的活动。为此，柏林州教育部还给一些大学特殊的经费支持，以便一步步更好地建立这个大项目。1990年开始，主要是促进女博士生的求职，2001年落实一个规模更大的柏林州的大学男女同权项目，现在集中到扩大女教授的位子，柏林一共有12所大学参加了这个项目，包括工业大学、艺术大学和所有的专业大学。因为国家给钱，学校就比较重视，自由大学学校委员会也组织了一个男女同权委员会，负责考虑博士生奖学金怎么分配，后来也负责怎么分配副教授和教授位子。柏林州是一个很好的例子，因为90年代以来有这些项目，大学女教授的比例不断提高，到2014年已经达到31.3%，而全德国2014年平均数字为22%，因此柏林州，特别是自由大学，2014年女教授比例在全德国名列第一位。从一开始，我就是在自由大学落实这个政策的男女同权委员会里当委员，后来当主任。2001年又成为柏林州男女同权委员会员，后来几年直到退休，我也是柏林州男女同权委员会主任。柏林州男女同权委员会与自由大学女权委员会，除了短时期有一个男人以外，主要都是女人。这是跟一般的学校委员会完全不一样，其他委员会大多数都是男人，女人只是少数。我还记得90年代有的时候就是我一个女人，其他都是男人。这两个女权委员会的工作精神是特别的，因为我们要帮助女教师，所以都是积极的、赞同的讨论，可以做出有利于男女平等的决定。

我们也和柏林州的其他大学共同讨论一些关于男女平等的事情，比如说在工业大学，有一位很有名的搞妇女研究、性别研究的Karin Hausen教授，她是六七十年代德国性别研究的开创者，成立了一个很有影响的妇女研究所。洪堡大学也有一位有名的女教授Christina von Braun，她们也搞了一个女性性别研究所。我们三个女教授在三所大学联合组织了女教授座谈会，特别是社会科学方面的，谈了大学女教师的情况，也考虑性别研究的共同项目。

所以在20世纪90年代，我虽然不是专门搞学术，做关于妇女性别的研究，但我也觉得要在大学落实男女平等政策。我参加学校的管理工作，很多方面是跟男女平等的问题连在一起的。这不仅仅是因为我得到教授资格碰到一些困难，得到教授位子也碰到了很大的困难，也是因为我觉得为了更好地处理男女同权的问题，就应该多努力。那个时候我还是很幸运的，因为系主任和自由大学领导都支持我，当时的教育科学部部长也是一位女性，她原来是自由大学的一个女教授，她也非常支持我。

我还有两次被邀请到其他大学当教授的机会，第一次是蒂宾根大学，1992年他们要聘我为学校的汉学教授。那个时候我有一些犹豫，需要一定的时间考虑才能决定。我有一个学期到蒂宾根大学给他们的学生讲课，讲两门课，每两个礼拜飞到德国南部给学生们讲一天课。那里都是当地的学生，不像柏林的学生来自德国很多地方，比较积极。最后我决定还是留在柏林。第二次是1997年，波鸿大学也邀请我在他们的大学担任中国历史方面的教授。这个对于我来说是一个很特别的事情，因为我是波鸿大学毕业的，在那边读到了博士，可以说是重回我的母校，但后来我还是决定留在柏林。因为曾经有两次我收到外地大学的聘请，自由大学为了让我留下来，他们也给了我多一些的助教和其他的资源，给了我很好的研究条件。所以在这个基础上可以继续我的大的研究项目：第一个是中德关系方面的研究，第二个是共产国际和中国关系的研究，第三个是妇女与性别研究，这三个方面是我的研究的基础。也可以说，自由大学是非常开放的，而且人和人之间的关系不太形式化，比较宽松，和当时某些西德传统的大学不一样。当然，那个时候因为柏林自由大学与北京大学及其他国际性的大学关系十分密切，这个对我来说也是一个很好的条件。

80年代我在中国只参加过两个会议，一个是纪念孙中山的学术研讨会，还有一个是关于纪念翦伯赞先生的会议。90年代以后，中国方面邀请我参加的学术研讨会越来越多，其中也包括妇女研究方面的研讨会，特别是与中国妇女史研究相关的会议。例如，1997年臧健、史明和我一起到天津去，参加了天津师范大学妇女研究中心举办的"第一届中国妇女史研讨班"。这个会议由杜芳琴教授组织，我也做了关于"性别研究主流化"的发言。而且从那个时候起，我习惯了开会说汉语。1993年我在北京大学国际政治系做了报告，介绍了德国的社会问题。1995年和1996年，我两次去哈佛大学，也在那边做报告，是关于北京的丧葬习俗和家庭经济的关系。

总结起来，90年代我作为教授参与了一些比较大的研究项目,也是国际性的研究,比如和中国、俄罗斯、美国,共同组织一些合作的项目,更深入地进行中国历史方面的课题研究,特别是中国近现代史研究方面的一些项目。在做项目的同时,也陆续出版了相关研究成果。当时有我指导的硕士生和博士生参加这样的项目,也写了关于项目方面的一些硕士或博士论文,并为他们创造机会,发表在《中国社会与历史》或《柏林中国研究》上。1994年到2002年,我还担任在德国出版的《亚洲、非洲、拉丁美洲》杂志的编辑委员会委员。从2005年起,我也被聘为社科院近代史所《中国研究》的编委会委员,也被聘为北大历史系的刊物《北大史学》的编委。1997年,我第一次被聘为北大历史系客座教授。

那时,我和中国及其他外国学者的合作是深入的,是互相学习、共同研究的方式。关于妇女问题研究、妇女历史这一方面,以及社会学方面,特别是关于社会历史的问题研究,在汉学专业都是我发展起来的。比如说我们自己编辑杂志,还组织有助教、博士生和一些学生自愿参加的学习讨论会,每个礼拜一次,一般安排在星期二中午12点,不是一个正式的会议,可以说是工作午餐,谈一些工作、研究方面的问题,但是也交流参加一些会议以及到中国的情况等。我们也交换意见,讨论哪一方面要继续下去,以及下一期在《中国社会和历史》的杂志当中计划有什么样的题目,谁参加编写,怎么分配工作,这也是通过交换意见和集体的努力来办好这个杂志的原因。除了我负责之外,开始的时候史明是主要的责任编辑,之后是达严思(Jens Damm),他也做了很长时间的编辑工作。然后是高白兰(Izabella Goikhman)和郝克(Hauke Neddermann)。此外,特别重要的是汉学专业的秘书吉英力(Ingrid Dammalage-Kirst),她也有一些专业方面的知识,非常支持我们,她把我们从80年代以来出版的书和季刊都做了文字处理。所以,参加编辑杂志的不是一个人,而是我们汉学专业同事们的共同努力。

1998年,我到北京来参加北大纪念100周年校庆的活动,一是参加在北京大学静园的校友纪念活动,另外就是很荣幸地被邀请到人民大会堂参加隆重的纪念大会。那个时候我觉得国家主席江泽民为了北大的校庆出来讲话,这个大学了不起啊!除了江泽民外,还有李鹏、朱镕基、李岚清、费孝通、丁石孙、罗豪才,他们都来了。有教育部、北京市政府的代表,有清华大学的代表,也有哈佛大学等很多国际著名大学的校长来参加。北京大学校长陈佳洱主持大会，他提到北京大学的历史从戊戌变法开始，谈到北大的光荣传统，马克思主义、民主主义的学术思想，强调了五四运动的爱国主义精神。江泽民的讲话我还记得很清楚，他提到了北京大学的历史发展，提到李大钊、陈独秀、毛泽东，也提到周恩来、邓小平到了北京大学，强调北京大学的所有专业都是科学研究的一个中心。谈到21世纪北大的精神和传统应该有一个新的发展，也希望北京大学在新的世纪有更大的进步。剑桥大学的校长也代表外国大学致辞，他的发言是由国际合作部的夏红卫老师翻译的。

1998年也是自由大学50周年校庆，北大党委书记任彦申和外事处长郝平来到柏林，参加了我们的校庆活动。1998年10月，北大党委副书记赵存生率领北大代表团访问了自由大学。1999年8月我再到北大，主要做社会史研究，也和历史系的牛大勇教授讨论共同组织研讨会的事情，加深和历史学者的学术关系，也第一次跟历史系研究胡适的专家欧阳哲生教授见了面。

可能从70年代的学生时代开始，我对如何认识、解释汉学历史本身有一个怀疑的态度，80年代更深入考虑了这个问题。当学生的时候，我们考虑了汉学的

1998年罗梅君和北大党委副书记赵存生(左二)率领的北大代表团在自由大学校长办公楼前

学术含义,但是没有多考虑汉学的历史。而现在多从汉学历史的角度考虑这个问题,所以我要想一想,汉学研究应该有什么样的作用。我不要把社会和学术分开,我们作为学术专家,不管是汉学还是其他学科,都有一个社会责任,对学生进行启蒙教育的责任。我们的任务当然还是给学生讲中国的历史、中国的政治,但是我们也应该经常反思学者的作用、立场。在1998年召开的德国汉学会年会上,我提到要用反思的态度来研究中国,要用反思的视角来考虑自己的出发点,以及如何分析中国、从什么角度来分析。我们作为汉学家，当然首先要从一个批评的角度来分析、评价中国的发展，要有一个反思的态度。但是第二，也要看自己的立场，因为我们的出发点也是跟我们当代的社会背景连在一起的。如果说有一个人有完全客观的态度，那是不可能的。举例来说，汉学家要看中国人权的问题，关键是怎么评价。有三个角度来评价。第一，从当代西方的角度来评价，把某些西方国家的理解作为评价的标准。第二，从某些人的理想出发，把人权的理想观点作为标准。第三，从中国人权历史出发，把中国历史本身作为标准。如果这样分析，评价结果都不一样。这个就涉及所有的中国历史和社会发展。还有一点，评价人权问题有两个层次：第一个层次是个人的道德标准；第二个层次是每一个国家的标准，包括中国，也包括美国或者德国，发展中出现的有些问题在政府方面、地方方面、人与人之间，我也不喜欢，我都有一个批评的态度。但是这个批评，和美国或者德国媒体对中国人权状况的批判完全不一样，因为他们的批判跟我的出发点不一样。美国和德国媒体对于中国的评价的态度属于外交政策，是西方外交政治的一部分。这两个层次一定要搞清楚，要区别开来。

第七章
21世纪初期——多元性的活动

从2000年到2010年,新自由主义思想普遍落实,全球化趋势越来越强。

2001年"9·11"事件改变了世界,从那时候开始,反对和打击恐怖主义成为国际政治一个很重要的任务,也改变了西方开放边界的政策。2008年的世界金融危机,对国际,特别是对西方国家的影响非常大。这两件事情让西方老百姓觉得世界是不安全的。中国作为一个大国,它的发展既有一点独立性也有国际性,虽然也受到影响,但是不太大。和西方国家老百姓做

第七章 21世纪初期——多元性的活动 | 217

21世纪初期南京的德国西门子公司,体现了中国快速国际化和全球化

比较，中国老百姓总的来说还是有一个乐观的态度，生活条件还是比二三十年前好。2001年中国加入了世界贸易组织，经济和财政、金融对外开放的程度进一步加强。经济发展和城市化的速度越来越快，某些方面太快，而思想方面跟不上。中国市场经济对社会的各个方面都有影响，包括大学和学术机构，当然学者和学生的国际交换扩大了。中德关系方面也有了一个大跃进，从2004年以来，两国建立"中德战略合作伙伴关系"，经济合作很紧密，政治方面问题也不大，学术交流也很密切。

这几年，我除了为男女平等付出了很大努力，也在自由大学同一些教授派别为了反对某些新自由主义政策而付出了努力。大概从2000年以来，在德国——而且柏林自由大学也有这个倾向——把大学作为一个公司，利用市场经济的方法来管理，越来越多地背离了18世纪初威廉·冯·洪堡（Wilhelm von Humboldt）提出的创办大学的原则。洪堡当时不考虑经济问题，也不让政治机构决定学术研究，他觉得大学主要是一个高等教育的机构。由于1968年学生运动在自由大学的影响，在教授当中也形成一些不同的派别，我90年代支持一个派别，就是所谓"星期二团体"，这一派别的教授们同社会民主党、绿党、左翼党关系密切，在自由大学里算左翼派。我们团体也有竞选纲领，我们的口号是——"促进民主和多元化"。每两年学校选举一次学校委员会和系委员会。学校委员会每四年选举校长和4位副校长，也决定大学的基本政策。从2006年以来，我除了被选为历史和文化史学院委员会的委员外，也被选为学校委员会的代表，同时代表"星期二团体"。两年以后，我也成为我们团体的发言人，代表团体参加与大学领导人和其他派别、团体的谈判。从学校开始存在派别以来，我就是第一位当派别发言人的女教授，以前都是男人，后来其他的派别才有女性发言人。我当发言人一直到我退休。当然，我们提出反对新自由主义的政策，在很多方面没有取得胜利，因为大多数的教授还是赞成这个政策，或者采取消极的态度。但是在某些方面，我们仍然有机会改进政策。我们一直强调大学的自治权、民主原则、教学研究自由、男女平等政策，大学对社会有责任，师生在大学中应占据第一位，而管理人员占第二位。参加一个团体，共同努力，比你一个人为了某些事而付出努力要好得多。比如说，2003年到2004年，自由大学因为柏林政府给钱少，要减少教授数量。柏林所有大学的老

2004年自由大学汉学教师和学生参加柏林的示威活动,反对减少大学的财政投入

师们和学生们,包括学校的领导都反对这个政策,也组织示威游行。有些人,包括学校领导也有人认为,给汉学专业设置三个教授位子太多了,要减少到两个。我当然反对,而且得到了"星期二团体"代表的大力支持。汉学专业的老师和学生都反对,驻柏林的中国大使马灿荣来到我们汉学教研室做报告,提到汉学和中国研究的重要性,非常支持我们。因为我们都非常

努力地为争取权益而斗争，所以我们取得了胜利。

2000年之后，我比较多地关注妇女研究和性别研究。2000年9月到11月，我邀请北大历史系臧健到我们自由大学做访问研究。我们从90年代初开始，一直在妇女研究的领域合作，除了共同出版女知青的口述史之外，也经常一起讨论关于妇女研究方面的问题与现状。我请她在我的课上做妇女历史与当代研究的一些讲座，例如，"中国的家法与女性""妇女回家——关于中国妇女解放的话题""贫困地区女童教育研究"等题目，也跟我的学生们开展讨论。除了做讲座之外，臧健希望利用在德国的机会，做关于德国女汉学家的口述访谈。因为她觉得德国女汉学家都非常努力，研究水平很高，完全不亚于男性，但是她们的困难很大，找到研究工作的机会非常不容易。我非常支持她做这样的研究，我介绍并写下来当时全德国大学汉学系7位正式的女教授的名字，也包括一些女性汉语老师，还帮助她联系访谈。这本德国女汉学家的口述历史，最终在2011年由北京大学出版社出版，书名是《两个世界的媒介：德国女汉学家口述实录》(*Mediating Between Two Worlds—Oral History of German Female Sinologists*)。这本书出版以后受到很好的评价。德国女汉学家的口述史项目，跟我当时的兴趣完全吻合，我也由此更深刻地研究了德国汉学的历史，研究德国汉学在历史方面的发展和作用。所以这两个项目也有一些理论与方法层面的交叉，例如，如何看待传统欧洲汉学？汉学的概念和中国研究概念有何区别？用什么样的方法研究？等等。

因为还跟过去一样，在德国汉学的内部，"Sinology"这个词包含一些传统的含义，而"中国研究"一词带有一些现代化的意思。这方面的讨论很早，从70年代就已经有关于这个问题的争论。开始的时候，年轻人对传统汉学有一点批判，不想利用这个词。但是我们一致认为，不要让他们把关于中国的研究放在汉学以外的地方，所以我们还是用"Sinology"这个词指代汉学和中国研究，而且把传统汉学搞了一点现代化，把原来的内容扩大了，方法创新了。一个原因是，我们不要把汉学和中国研究分成这个是古代的，那个是当代的，古代和当代之间没有什么联系，那不可能，所以我们还是选择这两个方面一直要连在一起。但是我们要改革传统汉学，这个改革不能完全跟当代关于中国的研究隔离开，这个不可能。在柏林自由大学汉学专业领域，我和我的同事以及我的学生们，都非常支持这个观点，这是自由大学汉学专业的一个特殊看法。当然关于汉学方面的问题，我当学生的时候，60年代末70年代初在波鸿大学，我们曾经讨论了很多，那个时候觉得可能传统汉学慢慢就没有了，都是比较现代的中国研究要代替旧的。后来我们发现，两个方面应该连在一起，应该利用传统汉学的一些方法理论，和现代社会科学研究的方法理论相结合；另一方面考虑到研究现当代中国，也要有一些传统汉学的基础，并且语言和古典文献不可分隔。而且我们觉得，如果要研究古代中国的一些问题，多数时候是从现代的发展和现代中国的情况出发提出这些问题，不是找一个和现在没有什么关系的小问题，一辈子就研究这个，我对这样研究汉学有一些怀疑。

近年来，随着新史料的出土与发现，还有国际化和妇女史观的多元化，中国妇女史研究视角越来越广泛，重新解读或诠释妇女问题成为热点。2002年10月，我们在柏林召开了第二次妇女性别研究学术会议，题目是 *Women in Republican China*。这是个国际性的会议，与会的有从中国大陆、中国台湾、欧洲、美国来的一些学者，大家都做了发言，就民国时期妇女的问题进行了多元化、多领域的深入讨论。会上会下的交流非常多,大家增进了相互了解,期待以后的进一步合作。我发表的文章题目是《民国史中妇女性别研究的主流化:研究理论与问题》,我认为所谓的主流研究仍然占据着民国时期研究的主要地位,这意味着要改变固有的理论与方法,任何历史分析都应该同等考虑男女社会性别因素,并把社会性别关系作为一个推动历史的可能因素来考虑。会议结束后的论文集首先在德国用英文出版,2007年,台湾"中研院"近史所的游鉴明研究员帮忙,由台北左岸文化出版社出版了《共和时代的中国妇女》(游鉴明、罗梅君、史明主编)中文版。游鉴明介绍说:"由于中国史的社会性别研究,向来集中在与妇女相关的课题上,例如,婚姻家庭、子女、缠足、性、人口发展,却鲜少涉猎经济、政治和国际关系等男性领域的历史,因此,值得以社会性别的角度去发掘与探究这些尚待填补的部分。"这次会议的影响很大,也取得了关于民国妇女史研究的重要学术成果。

21世纪初期,德国汉学家还是男教授占大多数,搞妇女研究的人很少,而且妇女和性别研究处于汉学和其他传统学科的边缘,除了自由大学以外,在德国没有其他大学在做,只有某些年轻的女学生写的论文。

但是在欧洲汉学领域，搞妇女和性别研究的人逐渐多起来了。

2004年还发生了一件事，这对我个人来说，对搞妇女研究的人来说，对搞男女同权工作的女性来说，都有很重要的意义。这件事让我认识到，为了得到平等一定要斗争。2004年的欧洲汉学会年会，是在德国海德堡召开的。欧洲汉学会分了不同的主题，比如说一个是历史，一个是古典文学，一个是当代政策，一个是语言，你可以看到汉学研究的范围慢慢地扩大了一些。2004年开会的时候，要安排一个妇女研究讨论组。海德堡大学一位男教授负责组织会议，也安排对申请参加者报告的评议。他请我和一位女同事做关于妇女研究、性别研究专题组的评论人，做学术顾问，所有与会的妇女研究组的汉学家，要给我们谈一下文章的内容，提交一份论文提要。我们接收了二十多份报告提要，看完以后，我们觉得质量都不错，没有必要把某些女学者的申请否定掉。而当我们这样通知组委会后，马上就遇到了问题，那位男教授不满意，要求我们一定要把某些申请人开出去。他觉得这是一个原则性的问题，不可能接受所有的申请者。由于我们坚持我们的观点，于是他要个人决定谁能来，谁不能来,这个做法完全否定了欧洲汉学会的民主原则。所以我们反对并提出抗议,后来欧洲汉学会的主任,原来也是北大的留学生,支持我们的看法,同意我们有选择的自由。主任认为,学术顾问在文章评价上应有自己的独立性,如果是由我们来做学术评论,组织委员会就应接受我们的观点,应该同意。另外,组织委员会的人对于女权主义和性别研究完全没有专业知识。最终申请人都被接受了,但是很遗憾,东欧的某些学者不能来,因为申请签证的时间来不及了。对此我非常生气,在海德堡开会的时候再次讨论这个问题,批评这种非民主的做法,而且这位男教授的行为也有反对女同事和反对女性研究的倾向。会议上也有人支持我,最后第一次选出一位女学者做新的欧洲汉学会的主任。这次会议也给全欧洲从事女性研究、性别研究的同事一个机会,通过会议大家互相认识,交换意见。而且从这件事情上也可以看出来,女性研究、性别研究是经过斗争才慢慢地纳入到汉学研究范畴里的。

1999年,我受张国刚教授的邀请,第一次到天津南开大学历史系做报告,报告主题是关于家庭经济和丧葬研究。因为当时南开大学历史系有一个中国社会史研究的中心,那一次也谈了双方合作的项目。2001

第七章　21世纪初期——多元性的活动 | 227

1999年罗梅君和刘桂生（右二）、李伯重（左一）、张国刚（右一）教授合影

年，我被南开大学聘为客座教授。2002年，我和臧健又一起到南开大学，参加了一个社会史与家庭的研讨会，是冯尔康先生的社会史研究中心主持召开的。那个时候刚刚出现中国社会史研究的一个高潮，参加会议的有来自世界各个国家的学者，也有来自中国台湾的"中研院"的学者，一起讨论了家庭史的概念，谁属于家庭、家庭形态、家庭与人口，还有婚姻的问题，也包括一些研究方法。我用汉语做了报告，题目是《19世纪末以及今日中国乡村的婚姻与家庭经济》，

这个是对我的教授论文的一个题目的进一步研究，我比较多地提到从性别角度来分析婚姻，这方面研究补充了我的教授论文，性别分析的视角更加突出。这篇文章后来收录在张国刚主编的《家庭史研究的新视野》论文集里，2004年在北京出版。论文集作为"中国家庭史研究"这个项目的成果之一，展现了近年来国际和中国国内学术界关于家庭史研究的新动向、新成果以及新的问题意识和新的研究方法。其中大部分是这次与会中外学者的论文，还有一部分则是专门为文集写作的论文。张国刚认为，要在一部研究论文集中，完全覆盖各个历史时期和各个方面的中国家庭史问题是不可能的，但是，终究这是第一本中外学者深入探讨中国家庭史的专题论文集。

对这次天津会议我还有一个印象：一方面新的资料的不断发现，推动了社会史研究进一步发展；另一方面，建立了一些研究小组，探索社会史当中一些特殊的问题。比如说，有些人刚刚开始研究徽州文化。我发现参加这个会议的文章中，比较的角度和方法比以前有了提高，过去可能有人搞西方，有人搞中国，现在更多考虑到做一些比较研究，还会看到互相影响（张国刚后来也出版了一本书，他谈佛教对于家庭有什么样的影响，也强调在佛教当中个人主义是比较强的）。我在 90 年代末已经做了中国和德国的社会史发展的比较研究，谈到比较方法的问题。但是这一次，我再次考虑到用比较的方法时，第一次发现了一些文章也不是专门把中国和欧洲做比较，而是把中国和印度、日本做比较，也谈到了社会史将来如何逐渐发展的问题。李伯重当时是清华大学教授，他觉得这个会议是家庭史研究的一个新的阶段，要提高理论水平，而且不能只从教授的角度或者从正统的角度来分析家庭史。会议也谈到家庭史和社会史的关系及家庭史的概念。会议也有一个比较热烈的讨论，有一位男学者郭松义问了一个问题：为什么要搞妇女史？他觉得是没有必要的。在这个情况下，天津师范大学杜芳琴教授非常反对，她说妇女研究是非常必要的，要继续搞下去。除了参加那个会议以外，我们也访问了天津师范大学性别研究中心，见到了杜芳琴。此外，也再一次参观了天津近代以来租界的建筑，那时保留得还不错，破坏得也不太多，还可以看出来属于意大利、德国、英国、法国、日本、奥匈帝国风格的建筑。利用这个机会，我也向出租车司机了解了天津的那段历史，听一听他对于殖民地历史有什么看法，还有他们的生活情况。

  2003年我再次去天津，也是受南开大学的邀请，而且这个项目是DAAD财政支持的，我也请南开大学同事们到柏林来搞研究。那个时候我除跟南开大学历史学院的张国刚教授联系外，还和侯杰教授谈了几次。侯杰研究近代中国社会史和社会性别史，他们的一些学生也在搞中德关系史和租界史研究。他也帮助我到天津档案馆去找一些新的资料，特别是一些19世纪的租界档案，还有建立德国租界以前的一些资料。他们也给我介绍他们已经出版的很大一部书，书名是《天津通志附志租界》，1996年由天津市地方志编委会出版。那个时候，档案馆刚刚开始比较系统地整理那些资料，开始把一些德文资料，也包括其他语言的资料翻译成中文。

  2003年，我又一次陪同那时是自由大学校长的Dieter Lenzen教授访问北大，谈新的学术合作的事情，重新签订了学术交流协议，还扩大了协议的内容。因为我们校长的专业是教育学，所以我跟教育学院的陈洪捷教授联系。我们两个人很熟悉，从80年代末已经认识了，陈洪捷那个时候在德国留学，研究德国教育历史。陈洪捷帮助我们的校长联系，安排他到北大附中听了一门课，还到北大的幼儿园看了一下。这是我们的校长第一次到中国，了解中国中学教育的情况。

2003年我也去了台湾，到历史语言研究所，参加熊秉贞和她的一些同事组织的一个会议。熊秉贞研究妇女史、儿童史，我们有共同的研究兴趣，她来过自由大学讲课，也参加了我们关于儿童史研究的项目。我在台北谈了关于清末婚姻的情况。那个时候，我专门研究婚礼对于女人的影响，给她们什么感觉？这种感觉和物质利益有什么关系？我特别强调家庭对于婚姻的利益，家庭对于经济的兴趣和妇女被结婚连在一起。我的分析是，在婚礼当中故意把女人的地位提高，用一辆车，把新娘从娘家接到婆家，但是到了婆家那边，事实上有很多的风俗习惯，对她来说非常带有歧视性，而且她可能都受不了。因为新娘要加入一个新的家庭，她的态度应该是很谦虚的，要听从她丈夫的母亲、父亲，他们是长辈，要听他们的话，服从他们。所以完全用这个风俗习惯压制她的独立性。关于这个问题，跟我教授论文当中利用的理论有关系。我也补充了一些关于家庭经济当中感情与物质利益的理论。我在台湾发表的报告当中特别强调，一方面是新家庭经济的利益，另一方面是那个刚刚结婚的女人在这个新家庭当中的地位，从女性主义的角度来分析传统家庭用什么方法让新娘知道她的地位非常低。那个时候还没有人搞这样的分析。大家表面说婚礼是一个很愉快的事情，实际上我在论文里也已经提到了，对女人，对新娘，也可能对于男人，对新郎，都是一个压力，"闹洞房"的习俗，故意跟她开玩笑，还有更过分的事情，就是为了让她服从新家庭的长辈，没有别的意思。80年代我调查这个问题的时候才慢慢了解这些，开始的时候还不知道。那时还可以看到"闹洞房"的情况，特别是在农村和城市的郊区，还有这些因素。

2003年，中国妇女研究的知名学者李小江从郑州大学调到辽宁的大连大学，成立了大连大学性别研究中心，李小江是中心的主任。90年代我对她的思想比较熟悉，她到自由大学做报告以后，我们翻译了她和其他的中国女性主义理论的论文。李小江、北大妇女研究中心的臧健和一些同事也写了文章。还有一些台湾女学者，包括有名的吕秀莲教授在内，介绍了台湾妇女研究的情况。书的题目是《中国妇女研究》(*Frauenforschung in China*)，1995年已经出版。史明、费海根和我是编者。这是第一次在德国比较系统地介绍中国妇女研究，也包括资料和参考书目。

2003年10月,李小江邀请我到大连大学做一个讲座。我们到大连的当天上午参观了一个博物馆,是介绍1904年至1905年日俄战争的,很残酷的一个事件。我是第一次接触这个课题,以前不太了解。那个时候的大连有一些变化,比较现代化,但历史留下来的房子还都在,明显感觉大连受到俄国很大的影响。我记得还有一个日本人建的小火车站,保留得也比较好,那是30年代末期的建筑。那时候大连的天气已经非常冷了,因为坐的汽车里没有暖气,我们都快冻死了,

2003年罗梅君和臧健受李小江(中)邀请访问大连大学性别研究中心

大家都担心我第二天会感冒。但是还好,我们住的宾馆很暖和。所以第二天到大连大学去做讲座非常顺利。参加这个讲座的除了有性别研究中心的老师和学生外,还有大连大学历史学院的教授。那个时候李小江刚出版了50年代的妇女口述史丛书,所以我们也跟她谈了与口述历史相关的理论方法问题,因为口述史是我们共同的一个项目。

从辽宁回到北京,我跟牛大勇商谈了明年和哈佛大学以及加州伯克利大学共同办会的事情。这些研讨会曾分别在美国、德国、中国举行,吸引了很多学者和研究生参加,成为国际中国近现代史研究中很有影响力的学术活动。如2000年的研讨会在哈佛大学召开(这一年我是最后一次到美国去),2004年在北大历史系成功举办了研讨会,大部分的报告后来都发表在中文版论文集《中国与世界的互动:国际化、内化和外化》(河南人民出版社,2007年5月),由柯伟林和牛大勇主编;还有一部分论文在我主编的杂志《中国社会与历史》(*Berliner China-Hefte*)上发表,以方便西方读者阅读。从那个时候开始,我们三方的合作除了比较系统地共同开会,各个方面都提供一些资源,而且我们已经决定可以用英语和汉语作为会议的语言。

第七章 21世纪初期——多元性的活动 | 235

2004年罗梅君参加在北京大学历史系召开的"中国与世界的互动"研讨会

2004年罗梅君与柯伟林、叶文心同时被北大授予客座教授称号

从这个角度也可以看出来,学术方面的国际化得到快速发展。2004年,柯伟林、叶文心和我同时被北大授予客座教授称号。

除了研究以外,我们汉学教研室和北大历史系牛大勇也有教学方面的合作。自由大学那时特别重视网上学习,就是除了讲课以外,也给学生提供一些补充这个课程内容的网络资料。汉学教研室那个时候是史蒙莉(Simona Thomas)负责这个IT学习。我们觉得让自由大学的学生和北大学生共同学一门课的内容,可以让他们有机会互相讨论课程内容,交换意见。牛大勇和汉学教研室老师共同安排一门关于"中国1949年的大变化"的课,学生们共同讨论怎么研究和评价这个变化,中国和西方学者有哪些不同的解释。这是第一次有这样的安排,尽管有时间交叉,但是学生们仍然可以交换一些意见。只是后来没有继续,因为需要的技术设备和人员的时间都很多,资源不够,很费力气。

教学方面,我担任汉学教研室的主任,更多考虑到教学的国际化,包括本科生和研究生的课程。因为汉学专业的国际性强,所以我们也跟俄罗斯的圣彼得堡(St. Petersburg)大学和芬兰的土尔库(Turku)大

第七章 21世纪初期——多元性的活动 | 237

2006年自由大学和芬兰的土尔库（Turku）大学的汉学共同组织博士生讨论会

学，共同组织博士生的讨论会，轮流在这些城市和柏林召开，给博士生创造机会交流他们的论文题目，并互相认识，交换意见。三个大学的博士生导师都参加了。此外，从2000年到2006年，北京语言大学的邓恩明教授被聘请来自由大学教汉语。他特别开设了"快速阅读课"和"中国电影视听课"，非常重视在教学中提高语言材料的重现率，使学生可以做到举一反三，灵活运用。我们的汉学教研室对于现代汉语课的

2015年罗梅君和邓恩明夫妇在北京语言大学门前合影

教学是十分积极的，不仅请了邓恩明老师，也请了其他来自北京、台湾地区以及美国、蒙古、俄罗斯和欧洲其他国家的专家来做报告和讲学，系里的学术气氛非常活跃和国际化。

2005年，我们还共同启动了一个规模宏大的关于19世纪中德关系史的研究项目。除北大历史系之外，中国第一历史档案馆和德国柏林普鲁士档案馆也共同参与，我们希望发掘新史料，研究新问题，使中德关系的研究与合作进入到一个新阶段。自由大学方面有史同文（Andreas Steen）参加，90年代他也参与编辑1911年至1912年中德关系资料集的工作。我们跟北京的中国第一历史档案馆从90年代以来就有了合作关系，在这个基础上可以落实新的项目。这一次希望和他们合作整理关于清代中外关系档案史料的中德（1871年德国统一以前的中德关系史，是包括普鲁士和中国的关系的，因为开始的时候只有普鲁士派代表团到中国签协议）关系方面的档案资料。我们的计划是，把中国第一历史档案馆的资料和德国普鲁士档案资料合并整理研究，一个是资料性的书，一个是研究成果的书，分别在德国和中国出版。而且利用这个新的资料、新的方法来研究19世纪的中德关系史。90年代以来，中德关系史的研究，已经有了一些理论方法的基础。我们都非常重视用理论分析问题，也比较注意收集新的资料。我们的项目得到了德国科学基金会的经费资助，支持这些工作碰头会和所有的研究活动，这样就可以扩大我们和北京大学以及第一历史档案馆的合作。90年代以前当然也有很多合作，但新的项目可以说是一个更大规模的团体，或者是更多机构的集体合作。

中德关系史也包括德国在胶州的殖民史，在这个范围内我们搞了一些研究和活动。从 2001 年开始，我和两位同事共同编辑出版了殖民地历史丛书 *Schlaglichter der Kolonialgeschichte*，这是由学者参与编写，但是以通俗易懂的写作方法来讲述关于殖民地历史的很有趣的丛书。例如，我们 2007 年出版了 *Kolonialkrieg in China: Die Niederschlagung der Boxerbewegung 1900—1901*（《1900 年中国的殖民地战争》），在这本书里，我们不仅谈到义和团，而且将镇压义和团的八国联军的军事行动定义为殖民地战争。孙立新和杨来青——青岛市档案馆的馆长——也写了文章。另外，2009 年，我跟一位搞非洲殖民地史研究的女同事共同出版了一本书《殖民地和妇女》，这本书介绍了当时在德国殖民地生活的当地中国或者非洲妇女，也包括一些在那里的德国妇女，以及德国国内妇女支持或反对殖民地的活动。这两本书出版以后都很受欢迎。

除了这些研究以外，我也支持一些学术以外的活动。自由大学附近有三条街道，名字是 Takustrasse，Iltisstrasse，Lansstrasse。Takustrasse 大沽街道涉及天津大沽炮台，Iltisstrasse 逸乐提斯街道，就是一个德国炮船的名字，Lansstrasse 兰斯街道，兰斯是一个炮船司令的名字。这三个街道的名字涉及 1900 年德国海军逸乐提斯炮船及其司令兰斯，攻击天津大沽炮台。这个当时是1900年殖民战争开始命名的。第一次世界大战以前，为了纪念这个事件，德国就根据事件的名字命名这三条街道。从90年代以来，为改变街道的名字，有一些人，特别是自由大学的一些开放的人，付出了极大的努力。我也支持他们，而且给他们介绍一下中国当时的历史。地方政府议会也有热烈的讨论，在那边的民族博物馆组织了讨论会，有80多人参加。那时因为美国刚刚侵略伊拉克，所以讨论非常热烈，很多人将殖民时代和现在做比较，讨论该不该用侵略者的名字为街道命名，是否要完全否定德国殖民地的历史。2011年，我们的努力胜利了，但不是完全胜利，因为地方政府决定还是要用这些名字，但是在那边建立了一个小纪念碑，介绍这三个街道的历史背景。

2004年10月，我和朋友们一起从北京坐飞机到甘肃敦煌，又从甘肃坐火车到了乌鲁木齐，然后从乌鲁木齐乘车去了新疆石河子大学。这是我第一次到中国的西北地区，所以给我的印象很深刻。

第一个是参观了敦煌莫高窟和敦煌博物馆，看了一些历史古迹。在敦煌莫高窟，看到里面有一个小洞，藏了很多非常宝贵的古代经卷，这些经卷是20世纪初

2004年罗梅君在甘肃敦煌莫高窟

发现的。很遗憾，那时的中国还处在一个殖民地半殖民地的状况之下，所以一些外国的学者就随意把那些经卷拿走，放在法国、英国、德国的一些博物馆或者图书馆里面，这完全是一种殖民地的掠夺行为。

我有一种非常深刻的感觉，就是中国的文化和中亚、欧洲的文化是连在一起的。虽然我不是中亚研究方面的专家，但是，因为我从那个时候起清楚地认识到，中国和世界不是隔离的。西方有人常说，中国和西方隔离了很长时间，所以19世纪要开放。但我感觉完全不是这样的，那个时候中国和外国（包括中亚和欧洲在内）之间交换和联系的方式非常多，所以不能这样说。以后我也多次专门做讲座报告，给我们汉学专业的学生，还到莱比锡大学也做了这个讲座，探讨中国与世界及其他国家的关系怎么样，反驳中国与世界隔离的说法。

我们在敦煌待了一两天，除了看敦煌的壁画和当地老百姓的生活情况以外，我们也有机会爬鸣沙山。一个问题是，爬到沙山上要怎么下来？我们看到有很多年轻人，他们坐上一个特别小的木板，从上面滑到下面。尽管那个时候我已经不是太年轻了，有人也说我不应该坐那个木板，可能会有危险，但是我觉得也

2004年罗梅君在甘肃玉门关参观汉代长城遗址

应该试一试,后来成功了,是一次非常好玩的体验。此外,我们在沙漠里骑了骆驼,我觉得也是一个很有意思的经历,因为在德国是看不到骆驼的。在甘肃,我们还去了汉代玉门关,它是汉代通往西域的重要门户,是丝绸之路上的交通要道。我还记得我们坐一辆小的面包车,看了汉代的城墙遗址,那个汉代的城墙还保存得比较好。我深感中国的历史文化很悠久。

在新疆吐鲁番,我们去看了汉唐时期丝绸之路上的交河故城遗址,城市遗址保留得非常好,还可以看出来当年的城市和房子有多大。由此我想到,在德国

2004年罗梅君和儿子罗马丁在新疆吐鲁番交河故城

没有一个距今800年前的古老的城市遗址,因为不是干旱的气候,这里有些跟意大利罗马庞贝城类似的感觉。在吐鲁番,我们也参观了一个农家葡萄干的晒制房,看他们怎么做葡萄干。在从吐鲁番回乌鲁木齐的路上,我们经过一个很大的风力发电站,据说是亚洲规模最大的风力发电站,我们坐着面包车跑了大约10到15分钟,好大的一个区域满满的都是风电机组。在德国也有风力发电站(可能三四个),但是像这么大规模的风力发电站,以前我没有看到过,这还是第一次。

应新疆石河子大学的邀请,我访问了中国最西部的这所隶属于新疆生产建设兵团的大学。我代表自由大学汉学教研室与石河子大学政法学院签署了学术合作协议。还与石河子大学政法学院的老师举行了座谈会，用汉语介绍了德国的一些研究情况，特别是一些新的社会科学研究的理论和方法。很多年轻老师第一次见到从西方来的，特别是德国来的学者，他们比较好奇，所以提了很多的问题，我都用中文给他们做了回答，座谈会的气氛很热烈。当天下午，我还应邀在政法学院做了"西方史学界如何看待20世纪的中国史研究"的学术报告，很多学生和老师都参加了。那一

2004年罗梅君在新疆石河子大学参观校史展览

次，我还被石河子大学正式聘为客座教授。那时我对20世纪50年代中国组建生产建设兵团的情况很有兴趣，也很想了解一下石河子的发展。因为在西方，关于这方面的情况介绍很少。我还参观了新疆石河子大学的校史展览。当年，艰苦创业的兵团年轻人都是从中国的陕西、上海来到新疆的，那个时候石河子的条件非常不好，但他们克服了很多困难，建起了那座小城市。发展到今天，石河子这座城市的人口已有50多万，但是总的来说感觉在新疆居住的人口非常稀少，因为以前我们参观过的许多地方，人都非常多，所以这给我很深的印象。

生产建设兵团的模式还是五六十年代的样子，但是到了21世纪，那个时候全中国只有新疆还保留生产建设兵团这种模式。并且我注意到，老师们、教授们、学生们的思维方式，他们的生活情况，同中国内地的大城市还是有区别的。也明显感觉到，他们的集体精神比较强，还不那么强调个人的情况。

作为学术互访，我们也邀请石河子大学政法学院的两位教授到自由大学来做了一个报告，也向我们的学生介绍一下关于石河子大学和新疆生产建设兵团的情况。我的一个很优秀的学生，叫郝克（Hauke

Neddermann），他的硕士论文就是写新疆生产建设兵团的历史，并且还拿到了奖学金，他到石河子去调查收集资料，跟当地的人交换意见，石河子大学方面也提供了很多帮助。这个硕士生的论文写得很好，后来在我们的丛书里出版了。

2005年，在澳大利亚悉尼召开了第20届国际历史科学大会，几乎每个国家都有学者参加。那个时候，中国社会科学院近代史研究所问我要不要跟他们的中国代表团一起到悉尼，我很愿意，特别是我知道北大的张芝联教授，还有近代史所的其他研究员也到悉尼来，是跟他们见面的一个很好的机会。当时我谈了一个中德关系方面的题目，谈到20世纪中德关系从"transcultural perspective"即文化交流的角度来解释。在悉尼参加会议的中国人还有不少，十年以后（2015年），在济南由山东大学组织的第22届国际历史科学大会，参加的中国学者就更多了。我利用参加悉尼会议的机会，也到澳大利亚别的大学去访问，还去其他的城市看了看。我对两个方面特别有兴趣：第一个是早期的澳大利亚华工。比如说在凯恩斯的一个博物馆，我发现了一些书，是关于早期澳大利亚华工的劳动与生活的，很有意思。19世纪，在澳大利亚的华工社地位很低，工作地点也不好，但是从中国南方移民到那里的华工还是比较多。1901年，澳大利亚政府严格限制中国人移民，直到1973年这个政策才取消。所以从20世纪初到70年代，中国人在澳大利亚的移民非常少。第二个方面是，澳大利亚的土著民族与英国人的关系。因为也有殖民地统治的问题，而且很晚他们才得到一个平等的地位。我还看望了一些汉学家，他们向我介绍澳大利亚汉学研究的情况。我有机会跟一位德国汉学家西门华德（Walter Simon）的儿子Harry Simon，在墨尔本大学见了面。1933年纳粹时代，因

2005年罗梅君和德国汉学家西门华德（Walter Simon）的儿子Harry Simon，在墨尔本大学见面

为西门华德是犹太人，所以被迫离开德国，在英国伦敦大学当教授。他的儿子也学汉语，后来是墨尔本大学第一个教汉语的教授，他1961年在墨尔本大学开始教汉语，后来建立了东亚学系。他的经历对我来说也有启发，他给了我一个建议，如果要研究纳粹时代汉学家移民的问题，一定也要考虑他们在外国培养的学生，他们对世界汉学的影响很大。这个建议对我后来研究汉学的历史来说很重要。那时，我也跟墨尔本大学中国历史教授安东篱（Antonia Finnane）见了面，她研究犹太移民的问题，也研究中国社会史。她也谈到她的祖先跟其他的澳大利亚人差不多，都是早期从英国过来的犯人。

早在2002年，自由大学、洪堡大学和北京大学就共同商量，在北京大学建立了"德国研究中心"，最早的中心主任是陈洪捷教授。德国研究中心得到了德国学术交流中心（DAAD）的支持，是北京大学跨学科的研究和教学机构，不同人文社会科学院系的教授学者作为中心研究人员，共同从事德国研究工作，并培养具有专业知识、同时熟悉德国社会与文化的高层次人才。德国研究中心的任务还具体包括：研究介绍德国的历史文化、学术最新动态、启发学生对德国乃至欧洲研究的兴趣、支持北京大学德语系的工作并促进德语教学等众多合作项目。我也参加了他们的一些活动，比如2005年讨论会的时候做报告，题目是《德国汉学作为一门跨学科的学术发展》，在讨论中有人提到，能不能做德国的汉学和中国的德国学的比较研究。

在自由大学与北大多年合作的基础上，在中国国家汉办和驻德国大使馆教育处刘京辉处长的支持下，2006年4月27日，也就是自由大学与北京大学建立合作关系25周年的时候，柏林自由大学孔子学院成立了，也标志着北京大学和自由大学的合作进入了一个新的阶段。一年前，自由大学刚刚在北大举办了自由大学日，由各个专业教授们组成了大的代表团，分别到不同院系给北大的教师、学生介绍自由大学学科发展的情况。2006年我们自由大学的校长Dieter Lenzen，北京大学校长许智宏，还有中国驻德国大使马灿荣，以及教育界、文化界的知名人士和柏林自由大学的老师和学生，几百人出席了当天的自由大学孔子学院揭牌仪式，自由大学比较大的礼堂人坐得满满的。我被推举担任柏林自由大学孔子学院院长，北大对外汉语教育学院（是柏林自由大学孔子学院的合作伙伴）院长李晓琪担任孔子学院的中方院长。自由大学原来新

2006年柏林自由大学孔子学院成立及揭牌仪式,从左到右:余德美、李晓琪、张秀环、罗梅君

闻学系的学者余德美任执行负责人。

我们孔子学院有一个特点,不只是进行汉语教学,而是同时重视组织文化和学术活动。我们认为,这三个方面是一个有机的结合体。我们的想法是,如果有人对汉语语言和文化都有兴趣,他们可以同时参与各种学术讨论或文化活动。除了进行汉语教学以外,还有一个重要项目,是对大、中、小学教师和翻译者进行系统的培训。李晓琪差不多每年都担任这个培训项目的教学老师。关于学术方面的活动,我们设立有专

题讲座、讨论会,例如,关于环境保护、中国当代经济发展、当代文学等方面的研究和讨论。一般来说,我们跟北大一些学者合作,邀请他们做报告或者讲课,也给自由大学学生创造机会参加这样的活动。比如 2009 年,自由大学孔子学院邀请北大中文系的戴锦华教授,给学生们讲关于中国电影和文学艺术方面的发展,深受学生的欢迎。我们也组织了座谈会,比如 2014 年,自由大学汉学教研室李可嘉(Katja Levy)副教授组织了"中国与拉丁美洲的关系"研讨会,这是第一个德国关于这个项目的国际会议,孔院给予了合作和支持。所以,我们加强跟其他研究中国问题的机构合作,给对中国有兴趣的人创造机会多了解中国。2015 年,汉学教研室柯兰君(Bettina Gransow)教授参与,孔子学院和北京大学牛大勇教授合作举办了"中国外交关系"讨论会,会议论文集已于 2017 年出版。2016 年,孔子学院和汉堡 German Institute of Global and Area Studies,共同组织了"中欧关系"研讨会。

除了学术讲座、报告之外,在文化活动方面,我们举办展览、教太极拳和气功、教书法绘画,也举办音乐会。我们还参加了科学长夜,举办孔子学院开放日和孔子学院日活动，有少林功夫表演、茶艺、太极拳、书法课、绘画课、汉语体验课、中国知识竞赛、用毛笔写自己的中文名字等一系列活动，欢迎当地民众前来观看。开放日、孔子学院日和柏林科学长夜，都是我们自由大学孔子学院的品牌活动，通过这些活动，向德国民众推广汉语和中国文化，并使他们通过亲身体验，加深对中国的了解。这些丰富多彩的活动使他们对学习汉语更加感兴趣，而且帮他们更深地了解中国。孔子学院每次组织活动都有很多人参加，不光是老百姓、学生和一般知识分子，也有在柏林的中国研究方面的专家，他们很有兴趣来听我们的学术讲座，并参加讨论。

我们自由大学为孔子学院提供的办公场地很不错，包括一个大的客厅，这个客厅就跟一个展览馆的展厅类似，所以我们也经常在此举办展览。这些展览主要是文化方面的，也有艺术方面的，有德国人的，也有中国人的，有图片展览，也有一些照片展览。比如说中国人看德国，或者德国人看中国的一些艺术品照片。除此之外，我们也做一些专题的展览，例如，"二三十年代中国学生在德国"，是余德美老师主持搞的。2010年举办了一个关于"蔡元培在德国"的展览，由北大陈洪捷和蔡元培研究会策划安排，先在北大展出，然后在柏林和莱比锡孔院分别展出，都很成功。还有最近搞的"德国汉语教学三百年"，也出版了一本研究的书和展览的小册子，余德美和我是编者。2014年，我们先在汉学教研室，然后在孔院也举办了关于20世纪三四十年代纳粹政权迫害德国汉学家这方面的展览。我个人对于这个题目有很大的研究兴趣，因为我越来越理解到这个时代对汉学发展产生的大影响。因此在2015年，我们也举办了一场关于德国人李华德（Walter Liebenthal）和他的中国佛教研究教学的专题展览，是和他的孙子李乐伯（Roberto Liebenthal）共同组织的。李乐伯住在阿根廷，专门飞过来，参加他祖父的展览开幕式。李华德1934年到1952年期间，一直在中国进行研究教学，跟北京大学、燕京大学的关系很密切。大部分的展览都是在我们自己研究成果的基础上做的，包括收集北大校史档案馆的资料，然后举办这个展览，供学生们参观和学习。我很高兴2016年9月北大赛克勒考古与艺术博物馆也举办了这个展览，由北大东方学研究院、北大考古文博学院和北大历史系几方共同安排和组织，在展览的同时，北大还组织了一个"关于李华德和中国的学术关系"的讨论会。之后，云南师范大学也办了这个展览，因为李华德40年代初在西南联大时，曾经在云南昆明长期生活过。李乐伯和我专程去昆明参加了展览开幕仪式，云南师范大学有很多老师和学生参加，令我们很感动。这个展览通过看一个人，一个家族的历史，可以更好地了解大的历史背景。

我还要补充的是，作为一个学者，你也许要有好运气。能举办关于李华德的展览，还有一个非常有趣的故事。2014年的时候，我在北大校史档案馆查阅了关于德国学者在北大和燕京大学工作的资料。一天下午刚结束，就跟历史系牛大勇老师见了面。因为我刚发现了新的资料，所以我很高兴，马上告诉牛大勇老师我的研究题目和我在档案馆刚发现的资料，但是没有谈到具体名字。牛大勇听完之后，觉得很有意思，他告诉我，他的姑姑40年代和一位德国移民学者的儿子结了婚，并且说到他的名字，竟然这么巧，就是这个名字，就是李复克（Frank Liebenthal），我刚刚在档案馆发现了！我们两个人都很兴奋，牛大勇马上帮忙跟他的亲戚联系，他们的资料很丰富，所以我们才有机会做李华德的研究和安排展览。这件事真正是一段中德关系史！

德国的歌德学院和孔子学院有一个很大的区别，歌德学院完全是一个德国的机构。这些机构设立在中国、法国和很多国家，但是从资金资助和领导班子来说还是属于德国歌德学院的一个机构。孔子学院则是另外一个模式，这是自由大学或者是其他的外国大学与中国学校合作共同主办的机构，如我们的孔子学院，北京大学也非常支持，安排有中方院长，也安排一些汉语教师和志愿者，德中两方面来支持这个机构开展活动。中国国家汉办出资金来资助，也相当于我们向第三方机构申请类似的办法，包括与北京大学共同组织讨论会，举办活动等。自由大学孔子学院自建立以来，曾经3次被评为优秀孔子学院，余德美也被评为孔子学院的优秀教师。

2006年7月底，我曾受到张宪文教授和陈谦平教授的邀请，参加了由南京大学组织的"第五次中华民国史国际学术讨论会"，这个会议是在浙江溪口举办的。因为中华民国史研究是近年来海内外学术界较为关注、发展较快、成果较多的学科之一，曾经先后于1984年、1987年、1994年、2000年在南京举办过4次大型的民国史国际学术讨论会，都在海内外产生了重大的学术影响。这一次也是由南京大学中华民国史研究中心主办,特别选择在蒋介石的老家溪口,举办第五次中华民国史国际学术讨论会。在这次会议上,我们讨论了民国历史人物,主要包括对民国历史有重大影响的重要人物;民国政治,包括政权建设、政治制度、中外关系、军事与战争等;民国经济,包括经济制度与经济发展、中国现代化进程、民国时期的企业集团与企业管理等;民国文化和民国时期的溪口历史与宗族研究等。浙江溪口的会议对我来说是很有意思的。第一,那是蒋介石的故乡;第二,第一次听到那么多学者分析蒋介石民国时期的思想、行为,他对抗日战争的态度,我们在很多方面讨论得非常热烈。我还记得近代史所的杨天石也去了,因为他在斯坦福大学胡佛研究所查阅了蒋介石的日记。蒋介石从年轻的时候开始直到最后,他都写日记,恐怕在世界上所有国家的领导人,就只有他有这样全面的日记。但杨天石看这个日记很困难,他告诉我不能带电脑,不能照相,不能复印,就是拿一支笔还有几张纸,只能抄一抄。从中慢慢地多了解、仔细了解蒋介石对抗日战争的态度和他的思想,这个不能太简单化。在会议上,我的报告是"20世纪20年代和30年代的共产国际和中国:处于合作与对抗之间的互动关系",谈了我几年研究的题目，共产国际和中国的关系是复杂的，也不可能太简单化的。

会议之后，我们去参观了蒋介石的故居，看了他的家，也不是太富有的家庭。从开会也可以看到大陆和台湾的关系正在走向正常化，这样的一个关于蒋介石在历史上的作用和地位的讨论会，也有台湾学者参加，所以各种各样的看法都有。我记得溪口这座城市是小城市，可以看到一些农村的生活方式，还不像北京郊区那样现代化。但我们从溪口上车走高速公路，就可以看到一些农村的变化，盖了很漂亮的房子，也可以看出来改革开放的政策对农村的影响。会后，我也跟南京大学的教授们一起到南京去，在南京大学我做了一个讲座，也利用这个机会跟南京大学和第二历史档案馆的同事们保持联系，深入我们的合作。在南京，我住在沈晓云教授的家里，跟她一起去买书，也访问了南京大屠杀纪念馆，令我非常震撼。

2007年8月，中国某单位打来电话，通知我获得了"中华图书特殊贡献奖"，而且要在北京的人民大会堂举行颁奖仪式。收到消息我非常高兴，我很愿意去，但是因为我刚刚得了颈椎病，没办法去，不能坐飞机。所以我告诉他们，我请北京大学的臧健，也是我很好的

2006年罗梅君参观中国第二历史档案馆,从左到右:沈晓云、罗梅君、马振犊馆长、史同文

朋友,替我去领奖,他们同意了。"中华图书特殊贡献奖"是中国国家新闻出版总署设立的一个政府奖项,用于表彰在介绍中国、翻译和出版中国图书、促进中外文化交流等方面做出重大贡献的外国出版家、翻译家和作家。2007年的奖项,颁给了三名为促进德国读者了解中国而且成果卓著的德国人,有波恩大学汉学教授顾彬(Wolfgang Kubin),约翰·古腾堡大学拉尔夫·考茨(Ralph Kauz)博士和我。他们介绍时,除了提到我

第七章 21世纪初期——多元性的活动 | 261

2007年罗梅君获奖证书与奖杯

是德国柏林自由大学历史文化学院汉学教研室教授，还特别提到我曾经就读于北京大学，是北大的校友，这让我觉得很自豪。我能够获奖，还因为我是《北大史学》、中国社会科学院近代史研究所出版的《中国研究》等多本杂志的编委会成员，是《柏林中国研究》丛书和柏林出版的《中国社会与历史》杂志总主编，发表过的论著、编著、论文、评论及报道、学术报告等多达166种。我在网上看了录像，颁奖仪式很隆重，中国的中宣部、新闻出版总署、国务院新闻办、教育部、科技部、文化部和北京市人民政府、中国出版工作者协会等，主办单位北京国际图书博览会的领导以及58个国家和地区出版商代表也参加了。后来臧健到德国，给我带来了我的获奖证书和一个很大的金色奖杯。这个奖是对于我几十年汉学教学与研究成果的肯定，是对我始终努力构建德国与中国在文化与学术方面的紧密联系的褒奖，是一个值得自豪的奖项。

第八章
学术生涯的延伸与扩展

2009年,自由大学和北大再次延长了共同合作的协议。而且2010年的两校合作协议,已经开始把孔子学院列入合同之内。2010年9月,自由大学校长彼得-安德烈·阿尔特(Peter-André Alt)访问北京大学时,特别访问了德国研究中心。

2011年5月6日,为了祝贺自由大学和北大合作30周年,北大校长周其凤和国际合作部副部长郑如青访问了自由大学,我们的校长在接待他们时,特别谈到国际化的问题。当时还举办了一个展览,是关于

"北大德语系教授赵林克悌生平展",这个展览是陈洪捷教授安排的,先在北大展出,然后在柏林孔院。我很高兴能利用这个展览纪念赵林克悌,她的孙子当时是我的学生,他也参加了展览开幕式。

2012年12月,北大朱善璐书记率领代表团访问自由大学,与柏林自由大学校长签署了"北京大学—柏林自由大学战略合作备忘录补充协议",双方都表示在已有的30年合作交流的基础上,应该在合作内容的丰富、领域的广泛、形式的多样上有新拓展和新突破。那时也

2012年罗梅君和中国驻德大使史明德(左二)、使馆教育处参赞姜锋(右一)合影,左三为余德美

开始了在行政层面的经验交流，例如，2010年，北大国际合作部部长夏红卫访问了自由大学外事处。自由大学的行政主管Peter Lange，也是自由大学的主席团成员，2009年也访问了北大，并始终支持自由大学的国际化，特别包括中国研究和孔子学院在内的区域研究。2012年10月，新任中国驻德大使史明德先生到孔子学院做报告，一同前来的还有教育参赞姜锋先生。

2011年，我们曾经共同讨论、由北京大学臧健访谈整理的《两个世界的媒介——德国女汉学家口述实录》，在北京大学出版社出版了。5月，在北京大学召开了"近三十年国际汉学研究的理论、方法与实践——德国女汉学家与中国学者研究论坛"，同时举行这本书的出版首发式。这本《德国女汉学家口述实录》，是第一本用中文出版的德国女汉学家的口述历史。参加这个会议的德国女汉学家作者有10位，也有很多中国研究国际汉学和妇女研究的学者出席。北大本来邀请我也出席这个论坛，但因为我有颈椎病，医生仍然建议我不能长途飞行，所以很遗憾我未能亲自参加这次会议。我的口述史题目是《反思与创新中的汉学研究》，以此对于我的汉学研究学术生涯做了一次初步的小结。

为了继续开展性别研究方面的合作，2012年，我们和北京大学妇女研究中心就有关男女平等问题开展合作研究，北京大学方面是由妇女研究中心副主任魏国英和臧健负责的，自由大学方面是我负责，那个时候我是自由大学性别研究中心的副主任。自由大学国际合作部和孔院也给了了支持。我们商量在自由大学召开两校妇女/性别研究中心的第一次学术研讨会，会议的主题为"Current Trends in Gender Studies in Germany and China"（"中德性别研究的发展与趋势"），北京大学妇女中心来了4位女教授，她们来自法学院、历史学系、社会学系、女性学等不同学科。自由大学也有五六位教授与老师参加，有自由大学拉美研究所的一些女教授和学者，还有新闻媒体学院的女教授，还有文学研究者，以及自由大学负责妇女平等相关机构的人。这是我们双方第一次从学术层面对男女平等在大学的地位开展交流研讨。通过这次会议，我们加深了相互认识和了解，大家共同决定应该继续下去。

因此在第二年，即2013年10月，由北京大学妇女研究中心主办，北京大学中国古代史研究中心协办，在北京大学再次召开了德中妇女问题的研讨会，主题是"跨学科的性别/妇女研究——中国与德国的经验"

2013年罗梅君在北京大学中德性别研讨会发言

(Interdisciplinary Gender/Women's Studies—Chinese and German Experience)。德国参加会议的学者有10位,中国学者有20位,包括女性学、历史学、社会学、新闻传播学以及拉美史研究等领域的专家教授。大家围绕妇女/性别研究的理论和方法、性别平等理念的发展与传播、妇女/性别史研究理论等议题展开了深入的研讨。我谈了"德国殖民地时期的胶州(1897—1914年):德国妇女和中国妇女的互动",这个报告是基于中国历史研究的例子,展示殖民地的日常生活动态在性别、种族和社会阶层的层面上是怎样形成和发展的。胶州在作为德国殖民地的时期（1897—1914年），存在着不同形式的统治关系和权力形态，通过性别、阶级和种族的交叉和互动，影响着所有社会群体的日常生活。我们这次中德妇女研讨会开得非常成功，大家讨论得也十分热烈。会后，有3名德国学者的文章在中国的刊物上发表，第一篇是 Anita Runge 的文章《德国（文学研究视角下）性别研究中的知识传承》，发表在全国妇联妇女研究所的刊物《妇女研究论丛》（2014年第3期）上。Anita Runge 从2016年以来是自由大学性别研究中心的学者，Margherita von Brentano-Zentrum 的总经理。第二篇是研究拉丁美洲政治的专家，Marianne Braig 教授的"反思科学体系中的性别秩序"，发表在《中国妇女报·新女学周刊》（2014年1月28日）上；第三篇是我的文章《胶州殖民地妇女与性别关系：阶级、种族、性别的多重视角》，发表在北京大学亚太研究院《亚太研究论丛》（2015年第11辑）上。这三篇文章都是翻译成中文发表的，影响非常大。与此同时，我们也将中国参会学者的文章翻译成英文，在我们的刊物上正式发表，由我和臧健主编。中德双方相互出版研究论文，也是一个新的合作方式。

在中德妇女研讨会召开前，北京大学妇女研究中心还根据德国教授的不同学科，分别与北京大学相同学科的教授联系，开展专业交流。比如说，自由大学新闻传媒研究所的 Margreth Lünenborg 教授，会见了北京大学新闻传播学院副院长吴靖教授；自由大学拉丁美洲研究所的 Marianne Braig 教授和 Martha Zapata Galindo 教授，和北京大学历史系拉美史教研室的董经胜教授进行了交流；自由大学妇女平等办公室主任 Mechthild Koreuber，会见了北京大学妇女研究中心的主任岳素兰教授。所以我们不仅仅是开一个研讨会，而是在研讨会之前，就深入地进行了各个学科之间专业性的交流，这对于德国和中国学者的相互了解、建立学术交流关系是非常重要的。自由大学性别研究中心和北大妇女研究中心共同认为，希望将双边研究扩展为更加国际化和多元化的研究，并希望与墨西哥国立自治大学性别研究项目及其他科研机构合作。

第三次关于妇女性别研究的合作，就是 2015 年 3 月在墨西哥召开的会议，主题为"性别知识的传播与实践：中国—墨西哥—德国"。德国柏林自由大学性别研究中心、北京大学妇女问题研究中心和墨西哥国立自治大学性别研究中心联合举办了学术研讨会，会议在墨西哥城的墨西哥学院（El Colegio de Mexico）顺利召开。此次墨西哥会议，是继2012年柏林自由大学会议（Current Trends in Gender Studies in Germany and China）、2013年北京大学会议（跨学科的妇女/性别研究：中国和德国的经验）之后的系列会议。臧健和我在共同讨论后，提交了分别撰写但合作发表的会议论文，题目是《思考中国妇女与性别研究——内与外的视角》，我们认为，中西方思维是在相对隔绝的特定环境下发生和发展起来的，不仅地域相隔，思维方式也受到不同文化背景的影响。近年来中国的改革开放为中西方思维的相遇、借鉴与碰撞创造了良好机会。我们的合作研究，就试图从中国与德国、内部与外部的不同角度来观察同一事物，即如何看待中国妇女与性别研究，观察其产生、发展及未来的走向。多视角思维包含了发现问题，并从一个问题出发从而发现多个问题的多元化研究。对于一些问题，我们或许有相同与不同的答案，更或许一时找不到答案，但问题的提出，就是多视角研究的一个方面。我们的合作研究很新颖，受到与会者的关注。

2014年夏天，我再一次到中国，这一次参加了两个重要的会议。第一个是受到北京大学国际汉学家研修基地主任袁行霈教授的邀请，参加由北京大学国际

2014年罗梅君参加北京大学召开的"我的汉学之路"研讨会,袁行霈教授主持会议

汉学家研修基地(IACS)主办的"国际汉学研究回顾与前瞻:我的汉学之路"学术研讨会。被邀请的学者,都是曾经在20世纪50—90年代在北大留学或研修过,现已成为国际资深汉学家的早期外国留学生。例如,有我熟悉的斯洛伐克"布拉格汉学学派"的代表人物之一的高利克(Marián Gálik)教授、有法国的白乐桑(Joël Bellassen)教授、英国的吴芳思(Frances Wood)女士、瑞士的胜雅律(Harro von Senger)教授、美国的田浩(Hoyt Tillman)教授、日本的稻畑耕一郎教授,我算是德国的留学生代表,此外还有其他来自11个国家的30位知名汉学家和一些中国学者出席了会议,与会学者的研究领域涵盖了文学、语言学、历史学、哲学、考古、法律等多个学科。我们在两天的交流研讨中,共同回忆了在北大读书、研究的生活与学

习的经历，也介绍了自己国家的汉学研究现状以及个人的研究情况，每一个人的故事都是不同的和非常有意思的。我们在讨论中，还涉及"国际汉学"的内涵界定、国际汉学的区域差异、汉学研究的对象与方法、汉学研究中理论与考据的关系等。关于这次会议，我很赞同北大袁行霈教授的话，他提到汉学的发展史，是由一代代汉学家个人的学术史积累而成的，每一位汉学家的学术历程及其成就，都有可能成为汉学史的一部分，而且必将对国际汉学研究有所促进。

第二个会议是在同年9月，我出席了在中国人民大学召开的第四届世界汉学大会。"世界汉学大会"是由中国国家汉办主办的，从2007年开始，每两年召开一次。2014年世界汉学大会的主题是"东学西学·四百年"（Exchange and Learning between 'East' and 'West': 400 Years in Retrospect），分了很多不同的专题小组，项目非常丰富。我在会上讲到了纳粹时代对欧洲汉学研究的破坏。我们2013年和2014年在汉学教研室和孔子学院举办了展览，介绍1933年到1945年受政治和种族迫害的50名汉学家和研究中国问题专家的具体情况。这是我第一次在中国的会议上谈这个题目，对这个题目有讨论，而且有不同的意见。有两种观点：第一个观点就是我的观点，多考虑被迫害的汉学家个人和德国以及欧洲汉学本身，在纳粹的迫害中受到了什么损失，对学术界的不好影响在哪些方面，以至于汉学界没办法继续下去。"二战"后的德国汉学界很弱，主要是缺少人才和专业知识。第二种观点是，因为二十多名受迫害的汉学家先移民到中国或者留在中国，所以通过他们和中国学者合作，丰富了中国汉学界，更有了现代化的发展，是不错的结果。其实我个人非常重视国际合作，但是在这种特殊的情况下，我不怎么赞成第二种观点，而是更多考虑那些学者的个人和学术损失。会议期间，我联系了一些其他与会的汉学家，请他们写文章，介绍他们在汉学，包括在当代中国学的一些新的讨论，这些文章发表在我们的《中国社会与历史》2015年第46期上。其中有俄国学者介绍 Nikita Y. Bichurin 对汉学的贡献，还有人介绍葡萄牙汉学家戈振东（Joaquim Angelico de Jesus Guerra）对汉学的研究，以前大家连他的名字都不知道，通过这样的做法要恢复某一些汉学家的名字。也有一些是从新的角度来分析问题，也谈到当代关于国学的复兴等一些看法。

2014年9月，是距我第一次到北京大学整整40周年。北大历史系的主任高毅教授，和中国近代史的王晓秋教授等许多我熟悉的老师,特别为我组织了一个"留学北大40周年纪念会"。这是一个很有纪念意义的时刻,我的心情十分激动。高毅主任讲了话,他回顾了我和北大历史系40年来的一些学术交流活动,表扬了我对历史系的学术贡献,比如说为历史系学生做报告,另外也推动了柏林自由大学的年轻学生、博士生与历史系的交流,参与历史系组织的一些学术活动,包括邀请历史系的老师到自由大学去。我也回忆了自己最初从一名完全不了解中国的年轻学生,经过

2004年罗梅君拜访王晓秋教授夫妇,从左到右:王晓秋夫人郭小菲、罗梅君、史佩雯(Heike Schmidbauer)、王晓秋

北大老师们的培养，经过40年几乎从不间断地到北大的进修访问，才有了今天的学术成就，北大就是我在中国的母校。那天，我们还回忆起2004年9月的一天晚上，臧健陪我和家人到海淀中关村电子科技大厦最高层的一个饭店吃饭，祝贺我来北京大学30周年。我们看到夜晚的中关村地区到处都是高楼，有很多汽车，当时我们两个人一致认为，如果1974年的时候有人告诉我们30年以后有这样的变化，我们都不会相信，很难想象30年以后中国有了这样的发展。

2015年夏天，我再次到北京大学访问。在六七月份，我收集了一些资料，开了孔子学院的理事会，也到南京大学做了两个报告。8月份，参加了在济南召开的第22届国际历史科学大会，这个大型会议每五年召开一次，来自全世界九十余个国家和地区的代表有两千六百多人参加，比起10年前我在澳大利亚悉尼参加的会议，规模和人数都大了很多。2000年以来，中国也开始注意举办一些国际性的会议，非常支持通过国际交流交往把中国学界和世界学界连在一起，通过这些会议也有了一些新的研究计划和出版计划。可以看出来中国学术界和国际学术界的沟通越来越多，交流和合作的关系越来越深入。如果你有机会到中国的一些学术书店去看一看,西方出版的书,很重要的书,很快都被翻译成中文了。因此,中外学者交换意见、交流看法都是非常便利的,可以说中国学术界已经慢慢地国际化。反观西方的翻译界,可能还不如中国,因为西方的国际化还是美国第一。所以如果谈国际化,在西方,包括欧洲和德国在内,对中国学者研究成果这方面考虑得还是太少了,应多考虑中国的一些研究。

我到济南开会的时候,也到青岛去参加分会,青岛市档案馆邀请我,做一个关于青岛(胶州)妇女问题的报告。除此以外,我们也去参观了青岛市档案馆,看了他们举办的关于"德国和日本在青岛活动"的展览,他们的资料都是从外国,或从其他的地方收集来的,介绍青岛沦为"租借地"时期的情况,资料很丰富。我们也去参观了青岛啤酒厂,现在都已经是现代化工艺生产,但是他们也有一个博物馆,比较清楚谈到这个啤酒厂在青岛的历史。看青岛历史展览和参观啤酒厂,也跟同事们谈到如何评价青岛沦为"租借地"的历史,是从一个把"现代化"作为标准来评价,还是从一个批判殖民地行为的角度出发批判?我个人的意见是,当时的德国殖民者当然搞了某些城市的现代化,比如说在建筑方面,在办学校方面,在建设港口方面，但是主要还是为了德国人的利益，现代化的建设大部分涉及德国人居住的地区，而且德国人的住地和中国人的是分开的，跟其他的德国殖民地类似。如果把现在的青岛跟当时，或者跟80年代的青岛做比较，变化非常大。

还有一个重要的方面，是关于汉学学术史的研究，这个研究是和如何看"德国人的中国观"联系在一起的，因此也使我有兴趣了解汉学的发展历史。因为这个题目我很早就开始关注，80年代后期以来我已经看了某些汉学家的作品，了解了他们对汉学的贡献，而且分析了他们的理论，其中包括汉学家福兰阁（Otto Franke）和高延（J. J. M. de Groot），也包括卫礼贤（Richard Wilhelm）。而且我也特别强调或者是特别注意，德国汉学家和中国学者的合作方法。因为我也考虑到在殖民地时期，这是一个不平等的关系，后来才慢慢地变化了。所以我也发表了一篇关于"汉学家和中国同事的合作"的文章。还有一个，汉学家作为德国和中国两个文化之间的桥梁，连接起了两种不同的文化。我也分析了这个方面，提出了理论，并鼓励学生做这方面的硕士论文。因为我觉得搞汉学也要搞清楚你的专业的发展历史，你的专业的来源是在哪里。

90年代中期,我第一次研究了纳粹时代对汉学有什么影响。先看了柏林大学的东方语言研究所,它是1887年成立的,一半是普鲁士教育部安排的,一半是外交部安排的。从19世纪后期,普鲁士政府觉得要考虑到中国、日本、印度、非洲还有阿拉伯这些国家和地区的情况,应该学他们的语言。所以我第一次就比较注意观察,30年代这个东方语言研究所怎么变成一个被纳粹控制的单位,有什么样的变化。因为在那个时候,很少有人考虑到这一方面,而我觉得这个也是搞现代汉语、现代中国研究的出发点。我在档案馆里发现了一些材料,证明1936年、1937年那个时候的一位中国老师,名字叫曾垂其,被东方语言研究所开除了。在此之前他在那里当了十多年的老师,但是有人不希望让他继续任教,他们利用什么办法?研究所的领导人和教育部负责人说,因为他的妻子是从俄国来的,样子像犹太人,所以曾垂其老师和她的关系是违法的。但是研究所的领导人和教育部负责人并没有跟他具体说,不让他知道为什么他要走,而是强迫他自己说"我不要继续工作"。那时没有工作他就得离开德国。我在档案里发现,他没有跟这个女人结过婚,当时他们已经分手了,而且这个女人也不是犹太人。后来，我跟傅吾康——原来是这个老师的学生，后来是汉堡大学的汉学教授——谈了这个事，他告诉我，曾垂其回到北京以后，抗日战争的时候被打死了。

我慢慢了解到，对于19世纪汉学历史的理解，并不完全是按照一般的说法"集中到语言和古典文献分析"那么简单。19世纪德国有6位汉学家，其中两位汉学家解释中国的方法是传统的方法，可以这样说，从语言出发，从文字出发，解释中国的情况。但是还有另外三个人，我看到的资料说明，那三个人的角度完全不一样。如果现在看他们的著作，是非常现代化的，他们的研究角度都是看中国的历史地位、中国文化史、中国文学，但都是从当时的一些问题出发来解释，不是非常遵从古典的语言或者文献。这三个人当时属于德国民主派，是19世纪的德国革命者，并支持1848年的民主革命。他们对德国政治有这样的评论思想，对中国也是这样。比如说有一个人，他反对哲学家黑格尔当时著名的看法，即"不能把中国放在世界历史当中"，他说这个不行。这三位受政治迫害的人很有意思，一个人比较早被关进监狱，出狱以后没有办法在德国找到工作，就到瑞士大学去了，完全改了行，以后搞德国文学。第二个人，他是第一个到中国去的德国汉学家，叫诺依曼（Karl Friedrich Neumann），1830年到了广州。回来以后得到慕尼黑大学一个教授位子，是在历史系，因为支持1848年革命，政府就把他开除了，不要他在大学教书。以后汉学界里，有人说他不是汉学家，而他就是第一个比较仔细分析了当时中国和英国关系，而且反对英国对华政策的德国人。第三个人，Johann Heinrich Plath，在哥廷根大学写了关于清代满人历史的教授论文。他参加哥廷根大学1831年的革命活动，也是为了德国民主和德国统一，属于资产阶级民主革命派的。因为参加那个活动，他被关在监狱里面12年，就自己学习中文，出来以后在慕尼黑社会科学院得到一个位子，写了很多很有意思的文章，都是关于中国古代法律、老百姓的生活和文化的，用了很多中文资料。但是后来很少有人看，因为他没有大学教授的位置，没有学生可以继承他的学术观。还有下面提到的阿恩德（Carl Arendt），他1887年成为柏林大学东方语言所第一位教授。现在说19世纪汉学就是表示"Philology"，仅仅只是语言学或语文学，这是不对的，但是到现在汉学界还有这个思想。

我对于这个问题，也发表了一些论文，有一篇是关于19世纪德国汉学的开拓和发展，以及关于柏林大学汉学的历史与发展的研究。2005年，我慢慢开始了对1887年建立的东方语言学院的研究，把殖民地历史的研究和汉学史的研究结合在一起。在我写有关东方语言研究所历史的时候，一个教授的名字"阿恩德"（Carl Arendt）引起了我的注意。他是德国最早驻北京大使馆的翻译，从1865年到1887年，在北京或者天津工作，1887年柏林大学东方语言学院建立时，他是第一位教现代汉语的教授。而在此之前几乎没有他任何的信息，一些书上简单地说他在中国待了很长时间，当过翻译，后来是个教授，写了一些教材等，但都不是很清楚。于是我开始着手研究，慢慢发现资料很多，而且他的生平和工作很有趣，有代表性。我注意到，他本人的经历，包括他家庭的经历，和大的历史背景是分不开的。阿恩德的家族原来是犹太人，所以资料很多，普鲁士档案馆有很多资料是关于他祖先的。我发现在外交部的档案里，特别是德国大使馆在北京的档案，也有他写的报告，是关于与中国总理衙门的人的谈话记录。后来臧健在北京也帮我的忙，找到了很多中国方面的资料，还有一些日记，曾纪泽的日记、张德彝的日记，还有李鸿章的书信与电报，其中都提到阿恩德。我也在台湾看了当时总理衙门的部分档案，资料非常丰富。从中也可以看出，中国方面的资料和德国方面的资料的区别，有的在中文资料中可以看到，有的在德国方面的资料中可以看到。于是，我决定开始写他的传记，从一个地位不高的人来看19世纪的中德关系史，而且把家庭史、社会史、殖民地史和汉学发展历史连在一起。如何评价阿恩德这个人，这是一个重要的问题。可以说他是一个殖民主义者，一方面他支持德国对中国的殖民政策，但另一方面也可以看出来，他有很多学术方面的书，他对汉学的研究也有很重要的贡献。在他从事外交工作当中，他的思想和行为里面还表现出很多理解中国的态度，他在天津的时候要处理一些法律方面的问题，比如说一个中国人与一个德国人发生了一些冲突，他设法从一个比较平等的角度来处理这些问题，这一点很不容易。这些思考我第一次在北京大学汉学基地做报告时就提出来了，并引起了讨论，这些讨论也促使我做进一步的深入思考。目前我已经完成了关于阿恩德的研究著作，书名是《殖民地政策与知识生产：阿恩德与中国学的发展》，这本书2016年底在德国出版了。

2016年，我去俄罗斯圣彼得堡参加第21届欧洲汉学会议，会议一共设有21个专题组，除了中国历史、

2016年罗梅君在德国出版了阿恩德的研究著作,书名是《殖民地政策与知识生产:阿恩德与中国学的发展》

文学、语言学、对外汉语、宗教学以外,还有一些新的分组,比如西方和东方的交流,欧洲、亚洲的中国观等。我注意到,现在的女性研究、性别研究已经是一个比较大的、固定的一个专题组,从会议开始一直到会议结束,经常出报告,具体落实这个项目。还有一些比较研究,有一些跨文化的项目。在现代历史分组,我讲了纳粹时代对汉学研究的破坏,来自德国、奥地利还有其他一些欧洲国家的汉学家听了我的报告。有意思的是,开始的时候,欧洲汉学会的会议大部分都是欧洲的汉学家参加,慢慢地就开放了,现在也有美国、亚洲的人参加，有很多的中国人也参加进来。在圣彼得堡欧洲汉学会上，有一些人在发言中提到汉学家的社会责任和社会任务，特别强调汉学家应作为沟通中国和世界的一个桥梁，在当代比较有困难的时期中，也应该起到桥梁的作用。

90年代建立的新的德国汉学会也有这个桥梁作用，现在是德国最大的汉学组织，但权力还是不大，还是德国东方学会Deutsche Morgenländische Gesellschaft（German Oriental Society）代表古代汉学利益的组织，对政府来说代表德国汉学，具有提名的权利。为了选择德国科学基金会（DFG）专业委员会的会员，它提名德国大学的教授来参加这个遴选，可能他们提出三四个名额，全德国汉学系教授们就根据这个提名来选举。德国汉学界的情况到现在还是这样，分为两个部分，一个是到现在还很有权力的古典汉学部分，从一个古典汉学的角度来分析中国古代问题；另一个是从七八十年代慢慢培养起来的年轻的汉学家，他们按照一些新的理论，利用一些新的方法，把研究中国问题与西方社会科学理论联系在一起，属于区域研究，一些人说它是现代汉学，也有人说是中国研究，不大用"汉学"这个词。所以到现在，还存在这两个部门，两条不同的路线。研究古典汉学的人也有学生，也要聘他们作为教授；研究现代中国问题、现代汉学的人也有学生，也要聘他们作为教授。双方有不同的出发点，搞古典汉学的人觉得他们也有能力分析现代中国，只从汉语资料出发就可以，不用考虑现代方法与理论来搞研究，他们的想法是，如果你不是按照传统的汉学的立场，那么你就不算一个汉学家。相反，有另外的研究者从区域研究的社会科学理论方法出发，当然他们也考虑到中文资料，他们的想法是把资料与区域研究连在一起，如果没有新的方法理论，就不可能好好地研究中国。所以这两条路线的斗争到现在还是比较激烈，德国某些大学还是坚持古典汉学的立场，像慕尼黑大学、汉堡大学，而在柏林、波鸿、科隆，现代汉学的立场则比较强。从其他大学的情况看，有一些人主张合作，区分得不是太严格。有一位教授，他前年编了一本书，是德国汉学研究教授的文章，介绍不同领域的一些看法，分析这本书，可以看到这两种观点的不同。

2016年，在自由大学和北京大学联合建立孔子学院十周年的时候，我们搞了一个很大的庆祝活动，有四百多人参加，有自由大学的老师与学生，也有和中国与北大有关系的人,我们的礼堂几乎快要坐不下了。活动一开始,首先由我向各位来宾致欢迎词,然后柏林自由大学校长 Peter-André Alt 教授、北京大学校长林建华教授、中国驻德使馆教育处参赞董琦相继致贺词。两位校长都强调了柏林自由大学孔子学院在中德学术、文化交流方面的卓越贡献,以及自由大学和北京大学之间建立的独特的战略合作伙伴关系。同时举办了"北大精神"书法展览,这次展览也是对蔡元培先生就任北大校长 100 周年的纪念,蔡元培校长毕生

2016 年林建华校长参加北京大学和自由大学联合建立孔子学院十周年庆祝活动,从左到右:李晓琪、林建华、罗梅君、余德美

致力于中西方文化交流。张国有、陈洪捷、牛耕耘三位来自北京大学的教授书法家，带着数十幅书法作品来为自由大学孔子学院成立十周年"贺寿"。书法展首先在礼堂举办开幕仪式，然后在孔子学院展览两个月，因为大家都很喜欢，之后在孔院也组织了书法展闭幕式。来自中德两国的音乐家为柏林孔院十周年庆典献上了精彩绝伦的音乐，爵士即兴演唱组合"东西二使"，全新演绎中国诗文经典以及民歌曲目，柏林顶级华人音乐家吴巍、谢亚鸥、胡胜男联合演奏，带领

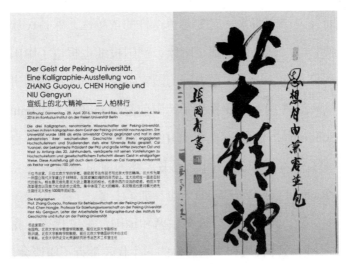

2016年北京大学"宣纸上的北大精神"柏林自由大学书法展

听众在古典与现代、奔放与悠扬中享受东西方音乐的交汇，受到了大家的热烈欢迎。

2014年3月，中国国家主席习近平到德国进行国事访问。28日中午，我有幸被邀请，参加了德国总统高克（Joachim Gauck）在贝尔维尤宫（德国的总统府）举行的欢迎午宴。午宴有一百五十多人参加，主要是政治家和与中国有关的人士。午宴开始前，高克总统和习主席分别致辞。当天下午，习主席发表了一个演讲，讲话之后，他也回答了提问。我记得很清楚，他非常强调中国和德国文化方面的交流和共同性，也强调了中国的独立性，提到19世纪的中国殖民时代，而且说中国将来一定要避免这样的依赖性，保持民族独立性。就是因为那个时候，德国报纸也报道了中国和日本的争端。这是中国的国家主席第一次在德国讲演和回答问题。我看到了德国前总理施密特（Helmut Schmidt），他曾一直提到中国在世界上的作用，也写了一本关于这个问题的书，德国前总统魏茨泽克（Richard von Weizsäcker）也参加了午宴。

第二天上午，习近平主席和德国汉学家代表、孔子学院教师代表和学习汉语的学生代表举行了座谈会，我作为汉学家的代表也参加了。座谈会开始前，习主席同我们每一位汉学家握手,并简短交谈。座谈时,习主席提到了孔子学院在促进中德两个国家文化交流方面的积极作用,表示支持我们的工作。

习主席的访问让我想起在2005年11月,当时的中国国家主席胡锦涛和温家宝总理都访问了柏林,我也有机会参加了一些活动,但是没有直接跟他们交谈,他们也没有发表演讲。有两件事我记得很清楚:第一,德国总统克勒(Horst Köhler)邀请了胡锦涛主席出席在夏洛滕堡宫的晚会,很隆重的地方,晚会上中国著名的钢琴家郎朗演奏了钢琴,受到了欢迎。第二,温家宝总理和当时德国总理施罗德(Gerhard Schröder),为柏林中国文化中心奠基的时候,我也参加了,气氛非常好,两位政治家都强调扩大中德文化交流,还共同把一块奠基石放进去。

2016年,对于我们自由大学孔子学院来说很值得纪念的事是,11月25日下午,中国国务院副总理刘延东女士以及中国国家汉办的领导,亲自来到我们自由大学孔子学院,体验了柏林自由大学孔子学院的课程并参观了展览,并与来自德国其他孔子学院的院长一起开了座谈会。这个活动在我们的孔子学院举办,是对我们自由大学孔子学院以往成绩的赞赏与肯定。为

2016年刘延东访问自由大学孔子学院，右二为中国驻德大使史明德，右三为国家汉办副主任马箭飞

此，我和我的同事们做了非常多的准备工作。刘延东女士参观了"三百年汉语在德国"展览和德国18所孔子学院成果图片展，以及"二三十年代中国学生在德国"的展览，观摩了汉语教学课程，并认真听取了德国各孔子学院院长就深化中德高校合作、汉学研究国际合作、本土汉语教师培养等发表的看法和建议。刘延东在发言时提到，当前中德关系发展很好，双方交流合作的广度、深度、热度都达到了前所未有的水平。随着两国人民往来日益频繁，孔子学院的作用将更加突出，汉学家促进交流、增进理解的使命将更加繁重。希望大家继续发挥各自优势，用好孔子学院这一平台，积极参与"孔子新汉学"计划，培养新一代青年汉学家，向人们介绍一个真实、立体、全面的中国。

同一天，北京大学校长林建华赴德国柏林参加

"中德高等教育与科技创新论坛",同时还访问了柏林自由大学,自由大学校长 Peter-André Alt 与北大校长林建华见面,双方签订了协议,将首先在地区研究和应用数学方面进行联合培养博士后项目。成功申请该项目的博士后研究人员,将分别在北京大学和柏林自由大学进行为期一年的学术研究。该项目由两校专家委员会共同遴选,双方教授联合指导培养,学术成果需通过双方审核。两校校长还就双方与其他科研机构的深入合作,以及战略合作关系的其他关键问题进行了深入探讨。

此外,还有两件让我十分高兴和骄傲的事情。第一件事,2015年夏天,我的儿子罗马丁获得了北京大学的硕士学位。他的指导老师是研究中德关系的连玉茹教授,论文题目是《现代中德关系以及德国媒体中的中国形象研究》。我很高兴地参加了他的两个毕业典礼,一个是北京大学的硕士毕业典礼,由北京大学校长讲话,仪式非常隆重;另一个是国际关系学院的毕业典礼。这两个典礼都让我非常感动。

第二件事,也是2016年的夏天,我曾经共同合作过的同事们和过去的学生们,出版了纪念我学术生涯的论文集。还有在中国、美国、欧洲的同事们,写

2015年罗梅君和朋友们一起参加罗马丁北京大学硕士毕业典礼，右二王燕生，右一潘庆德，左一臧健

了学术论文或评论文章，向我表达祝贺。我非常惊喜，更非常感动！因为对我来说，一直都不知道大家在为我编辑这样一本书。我的年轻同事李可嘉（Katja Levy）和柏林的同事们、朋友们还组织了一项活动，正式送给我这本纪念论文集，有很多人出来讲话，谈到多年以来和我的共同合作与活动，包括在学术方面、在促进男女平等方面、在强调大学自主办学方面，等等。我都不知道怎么答谢他们，还是利用这个机会向

他（她）们表示感谢！感谢那么多年我很幸运地跟他（她）们一起合作！而且非常幸运的是，我一辈子都有机会做我非常喜欢的工作，就是搞研究、教学和促进中德交流，我一直都没有放弃！

第九章
一生的追求与收获

如果从学术的发展方面来总结,我的第一个研究项目就是我的硕士论文,是有关中国著名的历史学家翦伯赞学术理论的研究,他是中国马克思主义历史科学的重要奠基人,北大历史系教授、系主任。这是我的第一个研究课题,也是在我没有去北京大学前就确定的。在这个课题基础上,我的博士论文扩展到研究20世纪三四十年代马克思主义史学的发展,从这个角度来分析中国知识分子的思想和政治活动,以及与历史的关系。之后的教授(博士后)论文,我又做了一部分社会史研究。无论从年代,还是从项目的范围来说,都扩大了。不仅考虑到知识分子,也关注到老百姓的生活;也不是专门思考思想史和意识形态方面的问题,也考虑实际生活方式的发展。在研究中,我用了一个"家庭经济"的概念,来全面思考中国从19世纪初到20世纪80年代的发展。

在20世纪80年代初,自由大学已经和北大签订了合作交流协议,我们也很愿意有共同合作的项目。1972年,中国和当时的西德建交,中德关系随之发生

2013年罗梅君和北京大学副校长李岩松

很大的变化，大家对中德关系史也越来越有兴趣。那个时候中德关系史还没有人专门研究，郭恒钰教授首先提出来"中德关系史"的项目，因为合作范围广，而且德国与中国的研究机构又同时可以参加。中德关系史包括汉学的历史，也包括了中国和德国交流方式的问题，这个题目是比较大的。一方面有利于一些研究19世纪初到当代的课题，另一方面也收集了很多这方面的资料，档案资料的出版方面的合作也很多。我自己对德国人的中国观特别感兴趣，开始考虑汉学家是如何分析中国的。德国人的中国观目前仍是一个值得研究的课题。为什么？因为多年来德国媒体报道中国，大部分是持批评或者批判的态度，有的也谈到中国威胁，受到一些政治学家，特别是美国学者90年代以来发展的中国威胁论影响。一次有代表性的民意调查，结论是在德国有80%的人对中国的看法是否定的，在中国刚刚相反——人口的80%是肯定的，觉得德国很好。我们作为汉学家除了研究历史问题，一定也要为了一个细致的评价而付出努力。

20世纪七八十年代我写博士论文和教授论文时，当时就是我一个人在研究这样的题目。从90年代以来，有了一些共同合作，有其他的同事们和年轻的博

80年代北京大学的未名湖是罗梅君最喜欢的地方

士生加入到项目中来，于是题目范围扩大了一些。90年代，我继续进行有关民国时期的政治史、共产国际与中国的关系研究，当然也包括中国外交关系方面的内容，有很多新的资料，同时也以新的角度来分析中国的发展。与我做社会史研究相关的，是我开始做妇女研究和性别研究，这也与我当时的状况有关系。那时我得到了大学的教授位子，有机会比较多地参加一些男女平等方面的活动，支持在大学里推动男女平等的工作，我的课题与研究和大学的情况，和我主张的男女平等的思想不能割裂开来，都是一致的。最后，还要把中德关系研究，把汉学史、中国历史、中国近代史这些方面都结合在一起，统一在一起。总的来说，我选择的题目和项目都是跟我个人的兴趣，我个人对德国或者中国社会变化、社会改革的关注有关系，都不仅仅是纯粹的学术问题，对我来说社会方面的问题也是非常重要的。例如，我研究中国近现代史，基本上都是从现代的一些问题入手来研究，我觉得这一点非常重要。

每一次研究一个课题，我不是简单地看一些文章就写出来了，都要思考用什么样的理论或者方法研究比较合适，不能完全以西方的那些理论来研究中国的问题，而是思考要如何改变理论方法，如何从相互平等的角度看问题，发展为有点中国化的理论。同时，也不能仅仅停留在理论这个层次，理论一定要跟实际结合在一起。理论和事实，理论和资料，这两点要结合在一起，不可能这方面是理论，那方面是事实，不能这样分。我跟中国的同事也常常探讨这些问题，从"文化大革命"以后，他们也比较多地在思考考证和理论的关系。我特别强调，理论如果没有事实作为依据，没有对于文献和资料的考证，也是没有用的。但有了文献和资料，而没有一个理论和思考方法的话，也不会融会贯通，所以一定要把这两者的关系结合起来。

从学生时代起，我研究一个新的课题一定要有一个理论出发点，这就是"经济基础第一"，政治情况第二，意识形态第三。当然了，这是历史唯物主义的观点。我觉得这个是基本的态度，从个人和集体的物质利益出发，才能理解意识形态方面的问题，而不是从意识形态出发来分析这些问题。所以每当我研究人物、国家，或者社会方面的发展，就要先考虑他们的经济利益是什么。在这个基础上来分析政治行为，最后才有意识形态。比如说，19世纪后期德国汉学家对中国的看法，是从一个现代化的角度来分析的，这个现代化角度的背后就是德国对中国的经济利益需求，他们把中国看作是落后的和需要输入"文明"的国家，所以他们从这个角度来解释德国对于中国的殖民侵略，包括战争和胶州殖民地在内，就感到心安理得了。我的分析则是用不同的理论方法，也有跨文化相互作用的理论。我通过分析资料发现问题，然后按照这个条件来发展理论和方法，也可能把两三个理论解释连在一起，并且在此基础上重新得出结论。

总的来说，我认为从历史唯物主义的立场出发分析历史问题，这是一个基础，同时也要补充某些新的理论与方法，把这个理论扩大丰富。还有，要看一看是什么样的题目，按照题目把你的理论方法改变和发展起来，而不能教条地、简单地用历史唯物主义的方法分析问题。有一个例子可以说明，90年代法国非常有名的学者和理论家皮耶·布迪厄（Pierre Bourdieu），他特别强调在某些条件下，意识形态也可能转化成物质，我觉得这很有道理。利用这个理论，在我的关于《北京的生育、婚姻、丧葬》那本书中，也可以看到思想和象征性的行为转化为物质因素的例子。也有一些现代的思想家，他们补充了这方面的理论。

这个做法是我在学校教学，特别是后来带博士生、硕士生当中一再强调的一个做法。我认为，不能仅仅给学生们讲解中国近现代史的大概知识，也应该包括理论方法方面的内容，以启发他们学习独立思考中国的问题和中国的历史。如果没有这个能力，他们就会盲目地按照德国媒体，或者是按照某些学者既有的思路看中国，跟着他们走，而没有办法独立思考、独立研究问题。90年代初，我们开了一门"如何写学位论文"的课，包括本科生论文和硕士论文，写作课是一个学期。我们跟学生们具体讨论每一个人的课题，都是从内容、结构、理论方法方面讨论，让他们有机会自己独立思考写出一篇论文。我和柯兰君（Bettina Gransow）两人也经常一起教这样的课，她是研究社会学的，我是研究历史学的，所以我们两人可以比较好地互补。我们允许学生自由地选择自己喜欢的论文题目，当然，如果我们发现这个课题太大或者是太小，或者资料不够，或者是没有什么资料时，我们会告诉他们有哪些困难，帮他们找一个新的题目。我觉得我们的课是一个很好的培养年轻学者的办法。我们也召开了博士生的研讨会。以前在德国大学汉学教研室没有安排博士生的课程，他们就集中到写论文，当然有教授的指导。但是我们觉得开研讨会对博士生交流学习心得很有好处,而且我们认为,博士生要更多地注意理论方法的问题。

在波鸿大学东亚系时,我们曾经组织过一个学生小组,看了一些理论方法方面的书,然后自己开始安排教材。因为那个时候我们比较清楚,不能拿西方所有的理论用于分析中国、日本、韩国的问题,一定要改变。这些理论当然还在发展的过程中,在欧洲、在美国已经发展起来了,但是基本上没有考虑中国的现实,也不考虑非洲的情况,这些理论都有欧洲中心主义的思想,所以一定要避免这一点。实际上直到现在,我们还是有这个倾向,还有一些人觉得那些理论,不管是什么样的理论,历史学的或是社会学方面的,盲目地拿来就用,把中国或者其他国家的特殊情况和某些方面的资料放进去,其结果就跟美国史、欧洲史是类似的,没有什么区别,因为没有特别考虑到每一个国家特殊的情况,我认为这样做就是一种"理论的简单化"。

关于事实和理论的关系问题,我认为理论是主要的。因为你每一次看时事资料的时候,在脑子里已经有某些所谓理论性的思想,理论性可能大,也可能很小,可能是自己觉悟到的,也可能没有觉悟到,但肯定不是一个空白的空间。所以理论是第一。但是对理论的理解，绝不是把某些人提出来的理论简单地使用。从我的角度来说，理论是总结事实的一个结果，是在比较抽象的层次上做出的一些结论。下一次研究时可能你会用这些结论再看一些事实的情况，如果你发现也可以利用这个理论了解其他情况，那可能这个理论不错，也可以在另一些方面试一试。但一个理论本身要经常发展，不能是一成不变的，不可能说形成一个理论永远就是这样。当然一些基本的思想很早就有，希腊一些有名的哲学家有这个思想，中国哲学家也有基本的思想。比如说什么是第一位的，强调经济、物质是第一位的，还是强调思想、意识是第一位的。这个区别是原则性的区别，因为很多理论你可以跟这些基本的出发点连在一起，是比较基础的理论思想。但是为了找一些概念，为了总结一些实际情况，或者你新发现有某些事例可以作为范例，那你应该自己看资料，总结出新的理论。

比如说我自己用了一个概念，翻译成中文是"文明化"。从我的角度看19世纪的汉学家，他们研究范例的主要出发点，还是基于19世纪的中国是传统、落后、不民主的国家，德国的入侵是要促进中国"文明化"。其实他们不一定利用这个概念,但是他们作品的基本思想,基本解释出发点就是这个。所以理论也不是太抽象,特别在社会科学当中,在历史研究方面,是一个总结的角度和立场,这个当然是跟每一位研究者的思维方式有关系的。有某些当代的政治理论,其中有左派有右派,有依靠新自由主义趋向的人,有一些新马克思主义的人,当然他们的出发点不一样,但都是以基本的看法和理论解释世界的。研究一些具体的问题,还是要比较独立地思考如何利用这些总结,或者可能反对某些总结,概括一个思想观念,这个很重要。比如说每天日常生活方面,你说这个是一把椅子,有不同的椅子,那个"椅子"的概念也是一个概括。历史事实也是如此,如"家庭经济"一词,都是概括的一个概念。如果一个学者不怎么喜欢而且不怎么清楚这些理论问题,但是他没有办法把他的研究跟理论完全脱离,理论还是在里面。在研究过程当中,我觉得第一部分不是一个全面的理论,但是第一部分总结了事实,然后第二部分除了概括一些概念以外,也要讨论不同关系的方面,分析一些历史事实的关系。比如说,德国和中国的关系,老百姓和上层的关系,阶级的关系,这个很重要。当然阶级和阶级关系也是一个概念，但是你是从老百姓的角度出发来解释一些农民起义，还是从皇帝的角度、官府的角度来解释农民起义，这是完全不一样的。所以除了一些理论以外，作为一个历史研究者，应该有一个立场。这方面我也经常和学生们说，比如说你有一部分资料，是关于一些运动或者一些革命的，你从上层阶级或者统治阶级的立场分析这些资料，和从下层阶级的看法来分析是完全不一样的。但是主要问题是，要清楚你的立场是什么。不能非常乱，也不能认为你没有什么立场，一定会有一个政治立场在内。所以你们要好好考虑个人的立场是什么，从什么立场出发来分析。而且到现在，我也觉得这个对于研究很重要。最近十年来，德国史学理论家把这个作为"党性与客观性的关系"的问题，"党"在这里不是指一个政党，史学理论家觉得历史学研究不可能有百分之百的客观性，经常会有作者的主观看法在其中，尽管你仔细考虑了史实，但仍不可能避免主观的因素。

这个新立场与19世纪著名的德国历史学家兰克（Leopold von Ranke）的立场完全不一样。从20世纪80年代开始，有很多人考虑要不要遵从老一辈历史学家兰克的立场，他觉得事实就是事实，没有什么主观的因素在里面。当然19世纪时他要搞清楚，除了学术观念以外，不应该让别的政治因素来干扰历史解释。实际上，现在史学理论家都比较清楚，当然要实事求是，但是每一个客观性里面还是有一些主观的因素。

我授课时主要给学生们看一些学术方面的文章，并且引导学生思考他们现在分析文章的立场是什么。不管作者公开说还是不说，是不是从一个现代化的方式出发？或者从一个殖民地的或支持殖民地的一个角度出发？或者里面有什么因素的影响？作者的思想是什么？等等。我非常强调注意主观的因素，要学生们都去考虑，即使他们写的完全没有学术性。比如说，你要理解，是从皇帝的角度还是从老百姓的角度来分析一个农民起义，这是不可能一样的。所以，一定要搞清楚作者或者你的出发点。有了这个出发点，才可以而且必须比较客观地从学术的角度来分析历史问题。

在这里顺便讲一个小故事。2016年我刚刚参加了在圣彼得堡召开的欧洲汉学会议，会上有一位英国学者做了报告，是关于1860年火烧圆明园的，她分析了当时拿走的圆明园文物放在英国、法国的博物馆或者某些国家的图书馆，它们现在起什么作用。她谈了20分钟。当时我心里就有些不舒服，这是犯罪的事情，都是抢劫来的，可以说没有任何理由的。因为我刚刚参观了圣彼得堡埃尔米塔日博物馆，有很多展品都是1945年才到这里的，苏联军队把很大一部分柏林博物馆的东西都拿走了，这算是第二次世界大战的结果，他们现在还没有归还。我看了这些从柏林拿来的艺术品，展品下面的介绍上写着"原来是柏林博物馆的藏品，1945年由军队搬到这里"，而且我知道，在要不要还给德国这个问题上，一直都在谈判，还没有解决。大家都知道谁挑起那次战争，而且俄罗斯受到那么大的破坏。但是中国的情况，我听那个英国汉学家讲关于从圆明园抢夺的东西，没有提到这些艺术作品来源的问题，我就提了一个问题："你谈到1860年圆明园的事情，谈到抢的那些物品，没有提到都是用犯罪的方式抢来的，还给中国还是不还？怎么办？你没有谈到这个，我觉得很奇怪。"她不知该如何回答。相反地，讨论会主持人问了我，我们想知道你的意见是什么，我们没有一个结论。利用这个机会，我就说，从我的角度来说，圆明园拿来的东西是一个犯罪的行为，作为汉学家，我们应该承认这是犯罪，然后再考虑怎么办。如果中国政府提出要回这些东西，可以在什么情况下归还，也应该好好考虑。报告人回答现在圆明园没有什么房子，不能放那些东西了。我比较清楚地说：第一，要承认这是中国的东西，是非法抢走的；第二，要看中国会要求怎么处理这个问题，这是另外的事情，不是汉学家们可以决定的。

还有一个也是在圣彼得堡发生的故事，也比较有意思。有几位年轻的博士生谈到他们研究中德关系的博士论文题目，一个题目是关于20世纪30年代某些"左派"的中国学生在哥廷根大学，跟德国老师和学生一起参加了一个左翼的团体，也参加一些政治方面活动的情况。还有一个题目是研究早期德国的专业学校，当时比较发达，所以有很多中国报纸宣传这个，作为一个模式，由此看出对中国的影响。他们希望我们参加这个讨论会的人能够提出一些问题，给他们一些方法上的帮助。我觉得应该说几句话，我跟他们说，他们的课题非常好，但是我觉得有一些基本的方法上的问题应该多考虑一下。他们都谈到中德关系，而且谈到中国历史和德国历史相互关联，相互影响，这个当然是对的。但是谈的历史背景还不够，也没有谈到当时历史上中国和德国曾经有过一段不平等的关系，如何解释这种不平等关系，也是个方法问题。他们觉得我提得不错，三个人中有一个人马上就理解我的意思了，有一个人不太懂，有一个人还说，那个时候德国那些学者是为了帮助中国人。其实学者主观上这样想，但是实际上还是不平等的关系。对我来说"帮助"这个词在当时中德学术交流中有一点不平等的意思。

可以看到在现代汉学研究方面，研究的课题比较细，而且可以肯定汉学研究的范围扩大了，关于中国的知识越来越多，有很多课题和项目在不断地发展。但是有一个比90年代更为明显的特点，研究者把这些小的课题和历史背景隔离开了。所以我回到德国，和洪堡大学历史系的同事谈这个问题，我就问一下他关于这个情况有什么样的思考。他说也有这个感觉，他的博士生的课题越来越细，也有脱离历史背景的趋势，还没有注意到历史上不平等的情况，这方面和我在圣彼得堡的那个感觉差不多。我也在北京跟一些同事谈了这个问题，他们在中国学术界也发现了同样的情况。

还有一个原则性的问题。如果跟学生们谈到德国人的中国观，我分析有三个出发点：第一个出发点是，你觉得中国现在的情况还没有德国发达，所以经常用"还没有"那个词，中国"还没有"到这个，"还没有"到那个，"还没有"就是很清楚地表达了一个分析和评价的立场。第二个出发点是，你把中国的情况和个人的一些理想的思想做比较，这也是一个比较抽象的比较。第三个出发点是，评价、分析当代中国的一些问题时，也要考虑历史的发展，我觉得这是比较客观的。所以无论研究什么题目，都要考虑你的出发点是什么。

我做汉学史研究，除了考虑纳粹时代的情况外，也看到自90年代以来，一些研究中国问题的汉学家，比如说柯文（Paul Cohen），他80年代批判费正清（John K. Fairbank）对中国近代史的解释。最近几年，我慢慢地得出了这个结论，随着中国进一步沦为半殖民地，中国学者也丧失了对中国社会和历史的解释权。从中国19世纪半殖民地时期开始，欧洲人就觉得，他们知道怎么解释中国，所以这个解释的权力都归欧洲人，在欧洲汉学家的手中。但如果看20世纪三四十年代的汉学发展，有很多学者被迫离开德国，之后也有很多人离开法国、英国或者其他的欧洲国家，后来到美国去了。所以第二次世界大战以后，可以说美国人、美国的汉学家成为解释中国的中心，他们有权力来决定怎么解释，可以说解释的权力就在他们手里。"解释权力"是东方学家赛义德（Edward Said）提出的概念。但是从90年代以来，这种情况慢慢发生了变化，中国有很多学者非常努力，当然是跟经济、政治发展有关

2014年罗梅君参加三四十年代纳粹政权迫害德国汉学家展览开幕式,与博士生贾长宝合影

系。在意识形态方面,特别在解释中国本身的历史和当代的情况时,中国人自己要求把"解释权力"拿回来。所以从那个时候开始,美国和中国不仅在经济方面、政治方面有一些竞争,这个竞争在意识形态方面也可以看出来。但从20世纪60年代到90年代,也可能到新的21世纪开始,大部分的欧洲汉学家仍相信美国汉学,跟着他们的理论方法走。可能从90年代开始,因为有一批汉学家跟中国有很多合作,而且比较

深入，因此要求一个平等的地位，不赞成只有一个国家当世界学术界的领导，每一个国家的学者都应该拥有解释权。

其中一个很大的问题是语言问题。可以说，在解释汉学的发展、汉学的历史、中国的情况时，英语是国际上最重要的语言，起到了重要的交流作用。某些欧洲的国家，比如说丹麦，我知道他们出版了一些关于中国的书，但是现在还有丹麦语的学术著作吗？差不多没有了，只有一些课本或者一般的科学性的书，是用丹麦语写的。其他的学术领域也有类似的情况。所以渐渐地，一些国家的学者不再用自己的语言来写学术著作，这也是为什么失去了解释资格的一个原因。在德国，一些德国学者，包括汉学家，近些年也越来越多地使用英语写学术文章和著作。但是要注意，如果你在德国写德文的著作和论文，德文的思考方式还是和英国、美国的思考方式不一样。我们用德语解释一些社会科学的情况，研究一些问题，我们的语法是这样的——你可以描写某些区别非常大的事情，如果有比较复杂的事，就使用语法的手段来表达其中的复杂性，也有各种各样的手段来比较仔细分析一些情况。如果你翻译成英文或者是你自己用英文写，则有一点简单化。用英语还是用德语？这里有两个方面的问题：一个问题是你怎么决定。这个也可以说是包括中国学者在内，如果你要进入国际讨论，现在一定要用英语，而你的思考方式也有一点简单化了。还有一个问题是（特别是对于欧洲的小国家来说存在这样的情况，可能对中国还没有这个问题），对于德国来说，如果你所有的学术方面的文章，你都用英语表达，以后没有人能用德语的学术语言来表达研究方面的一些思想，这个德语表达可能也就慢慢消失了，跟丹麦语这类语言一样。所以现在有一个国际化的趋势，但还是不太平等的，还要考虑怎么解决这个问题。

举一个例子，几年前有一个国际历史协会，下面分为不同的部门。搞历史研究的某一个部门开会，我去参加过，是非常自由的，不需要一个邀请，你可以随便参加，他们的会议也请了中国人发言。后来他们提到委员会主任的人选应该重新考虑，实际上在此之前，有一些美国与欧洲的研究所在学术方面很有权力，就是因为他们的代表是委员会的主任。开会时，有一位亚洲的女学者，她非常积极，提出来要更多考虑到欧洲以外一些国家的历史研究。对我来说很有意思的是，委员会也考虑到要找代表，负责亚洲一些国家的研究。首先有一个人来问我，可不可以负责中国方面，我提出他们应该找一位中国人来做。后来他们觉得那位亚洲女学者可以负责亚洲方面的研究事务，她也很乐意去做这件事。但是突然发现有一个问题，她不是委员会的主任之一，如果不是应该怎么办？这个委员会的主任一共有四五个人，而且大部分是西方男性，可能只有一位女性。所以有两个看法：一个看法是她应该属于委员会；一个看法是不属于，但是可以设立一个特殊的位置，不属于那个委员会但是跟委员会有合作关系，这个比较复杂。后来大多数人还是决定她不属于真正的委员会，只是担任委员会亚洲事务的联系人。这个例子也反映出国际化趋势中仍然存在的不平等。

此外，过去三十年中，妇女和社会性别研究无论在中国还是在国外，都极大地巩固了它们的地位。从这个角度说，建立这个领域本身的努力是成功的。然而，与此同时必须强调的是，妇女和社会性别研究本质上只是作为中国研究的一部分，作为所谓主流中国研究的一个独立补充存在着。这种状况是与不同方法论的研究方法相联系的：其一，尽管妇女研究是跨学科的，这一方法支持将妇女研究建立为一门独立学科；

另一方法支持从总体社会性别角度出发在学科内部变革的观点。

然而，我认为我们不应该只是关注妇女和社会性别研究，我们还应该同时努力从整体上，从各个方面用社会性别研究去分析中国的历史。这意味着任何历史分析都应该同等考虑男女社会性别因素，并把社会性别关系作为一个推动历史的可能因素来考虑。或者，我们还可以这样说："社会性别关系带来的动力及其在一个社会中的规范，是一般／总体历史进程的一部分。"我们需要带着这种观点去研究。这种对于从社会性别角度做研究的呼吁，是80年代早期在女权主义研究中提出来的，然而迄今为止，我们还没能发展出一套实用的策略去身体力行。因此，在实际研究中，只有一些研究（通常是由研究妇女和社会性别的女学者所做的）对一定的历史时期做了如是尝试。但这些研究对所谓的主流研究几乎没有影响，主流研究仍然占据着历史研究的主导地位。

因此，我的问题是，我们怎样才能进一步推动妇女和社会性别历史研究？与此同时发展出一套策略，帮助我们从社会性别的视角去研究历史。

还有两个问题值得注意：第一，七八十年代妇女研

罗梅君在工作之余

究和男女平等问题都连在一起。研究妇女问题也是为了促进男女平等。而从90年代以来有一个趋向,把妇女性别研究和男女平等问题分隔开来。有人比较仔细地搞性别研究,也发展了一些理论,但是都比较抽象,跟当代妇女问题没有关系,也不太关心促进男女平等。在西方,在全世界,男女平等问题不是越来越少,而是相反。所以我不赞成这个分开的看法。第二,西方和西方以外也有一批性别研究者,他们非常强调要改变西方男女平等的观点,多考虑全世界妇女的情况,不要继续从欧洲中心主义的角度看问题,也要考虑到不同国家、不同社会的妇女情况。其实研究者有共同的目的,就是要实现男女平等,但还是有不同的实现男女平等的路,不同的"平等"的概念内涵,都要加以考虑。

总的来说,无论方法、理论还是档案资料,对我来说都是一个统一体,是缺一不可的,这是第一。第二是通过学习,参加学生运动,以及参与一些学校政策方面的讨论,我开始认识到学习知识、从事学术研究,与学校管理及社会问题分不开,都是连在一起的,理论与实际是分不开的。

将汉学作为毕生追求,我从不后悔我自己的选择。我想引用法国当代著名社会学家布迪厄(Bourdieu)的说法,来总结我四十多年的学术生涯:"在许多治理工作的模式之中,毫无疑问,只有中国学/汉学的研究,让我十分幸福!"

2015年罗梅君和臧健在北京大学

编后记

如果从 1974 年和罗梅君（Mechthild Leutner）相识、成为北京大学历史系的同学算起，至今已有 43 年。那时我们同住 25 号楼，宿舍之间只隔了几个门。而真正从相识到相知，再到成为学术研究领域的重要合作伙伴，是从 20 世纪 90 年代初共同研究中国妇女史开始的，至今也有近三十年。相同的人生价值观与学术追求，使我们之间的相互了解与默契，已胜似姐妹。

从罗梅君受邀，成为北京大学 120 周年校庆外籍校友口述史丛书的作者时起，她就多次和我谈起这件事。加之相继有国际合作部夏红卫部长和历史系牛大勇教授的提议，我深感与罗梅君合作，完成她的口述访谈，于情于理已是义不容辞之事，于是欣然接受下来。

我们为此书所做的准备工作，例如，讨论访谈大纲和撰写体例，是从2015年末开始的。正式访谈则是从2016年9月一直持续至11月，有时是几个小时，有时则是一整天。为了保证口述资料的真实准确无误，罗梅君将她在70年代至90年代期间所写的10几本日记，全部带到了北京；并重新查阅了她保存的北大与自由大学交流合作的全部档案资料。由于准备工作充足，加之我在2000年和2009年，曾多次对罗梅君做过访谈，稿件已收入北京大学出版社于2011年出版的《两个世界的媒介》一书；又因我们同为历史系出身，又同在中国妇女史研究领域合作多年，罗梅君叙述中所提到的无论是史学大家，还是项目合作单位与名称，或是出版著作与研讨会，大多都是我熟悉和了解的。因此，我们的访谈与撰写，自始至终进行得十分顺利。

作为访谈者和文字整理者，我也有幸成为第一读者。这本书不仅是罗梅君人生中第一部较为完整的跨时代口述传记，也是第一部对于她四十多年学术成长经历的全面总结。全书详细记述了作为德国女汉学家和北京大学的资深校友，罗梅君四十多年投身汉学研究，为柏林自由大学与北京大学的学术交流，并为搭建中德两国交往与合作之桥，奉献毕生经历的真实感人的故事。从孩童时期的梦想，到大学选择学习历史、中文和汉学专业，再到成为教授投身汉学教学与研究的事业，一路走来，罗梅君以极具女性特色的视角讲述、解读了她所见证和亲历的中国"文化大革命"后期及改革开放的全过程。跟随她的讲述，读者可以清晰地看到一位德国女汉学家眼中的真实、精彩，又独具特色的中国现代发展史；更可以感受到一位女汉学家坚强的性格和不畏艰辛的人生追求，以及为中德两国人民增进了解与友谊、为两国合作关系发展所做出的实实在在的努力。"我从不后悔我自己的选择"，罗梅君这样来归纳和结束她的书，"我想引用法国当代著名社会学家布迪厄（Bourdieu）的说法，来总结我四十多年的学术生涯：'在许多治理工作的模式之中，毫无疑问，只有中国学/汉学的研究，让我十分幸福！'"

在完成访谈和撰写书稿的过程中，北京大学国际合作部夏红卫部长自始至终提供了多方面的大力支持；北大留学生办公室的陈峦明老师一直协助解决各类具体问题，其中特别是帮忙将访谈录音资料转换为文字，让我免除了沉重艰难的文字录入之劳。此外，在本书的编辑过程中，罗梅君的朋友吉英力（Ingrid Dammalage-Kirst）女士花费了大量时间，帮助扫描相关教学与科研等活动的照片，为书中的内容增添了感性资料。在此，对于所有的支持与帮助，一并致以诚挚的谢意！

本书所附全部照片，均由作者罗梅君和整理者提供或拍摄，为维护本书著作权人的合法权益，未经著作权人许可，谢绝随意复制或转载。

臧　健

2017年4月写于北大中关园